Hecht, Zander, Barsch …

Willst du eine Stunde lang glücklich sein,
dann betrink dich.
Willst du drei Tage lang glücklich sein,
dann heirate.
Willst du das ganze Leben lang glücklich sein,
dann werde Angler.

Spruchweisheit

Hecht, Zander, Barsch...

Ein Angelbüchlein

Verlag für die Frau · Leipzig

Herausgeber: Edith Nell
Sachtexte: Helmut Kraft
Illustrationen und Umschlagzeichnung: Hans Ticha

Hecht, Zander, Barsch ... e. Angelbüchlein /
[Hrsg.: Edith Nell. Sachtexte: Helmut Kraft. Ill.: Hans Ticha]. – 2. Aufl.,
– 144 S.: Ill.
NE: Nell, Edith [Hrsg.]

ISBN 3-7304-0164-5

2. Auflage 1990

Lizenznummer: 126/405
Typographie: Rolf Kunze, Großpösna
Fotosatz: Ostsee-Druck Rostock
Druck und buchbinderische Verarbeitung:
Offizin Andersen Nexö, Graphischer Großbetrieb,
Leipzig III/18/38
Printed in German Democratic Republic
LSV 9199
Bestellnummer: 672 533 0
00640

An Land gezogen

werden in diesem Büchlein vielerlei Fische und auf ganz unterschiedliche Art. Zunächst unternimmt der Angelliebhaber Helmut Kraft in Kapitel 1 einen *Streifzug durch die Geschichte des Angelns.* Ursula Ullrich steuert Angelimpressionen aus ihrer Kindheit bei, und Berta Waterstradt läßt den Leser in ihrer Geschichte «Mein Mann ist nämlich Angler» tiefe Blicke in eine Anglerehe tun. *Seite 7*

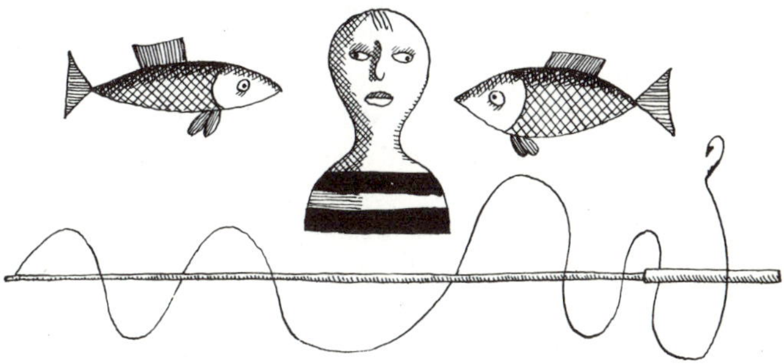

In Kapitel 2 ist zu erfahren, wie sich *Zander, Barsch und Hecht* am besten fangen lassen und wie man sie schmackhaft zubereitet. «Anglers Alibi» im Krimi von Alan Winnington platzt leider, weil ... Aber das soll hier nicht verraten werden. *Seite 21*

Um *Aal und Quappe* geht es in Kapitel 3. Jens Gerlach, selbst passionierter Angler, weiht den Leser in seinem Gedicht «aalräuchern» schmunzelnd in diese Kunst ein, und Rezepte geben Tips, was außer Aal geräuchert noch schmecken kann. *Seite 41*

Der Karpfen ist ein vorsichtiger und wählerischer Geselle. Kapitel 4 verrät, wie man ihn trotzdem überlisten kann. Eckart Krumbholz steuert Anekdoten über bekannte und berühmte Anglersleute bei, die – das sei erfolglosen Petrijüngern zum Trost gesagt – mitunter auch alles andere als einen Fisch an der Angel haben. Rezepte beschließen das Kapitel. *Seite 51*

Die sehr beliebten Fische *Döbel, Aland und Rapfen* stellt Helmut Kraft in Kapitel 5 vor. Auf Pablo Nerudas «Ode an die Seeaalsuppe» stimmt ein Feuilleton von Norbert Kaiser ein. Diesem Autor ist auch eine sensationelle Entdeckung gelungen: «Das erste Fischrezept» der Literatur. Berühmte und nicht minder leckere Fischsuppen offeriert der nachfolgende Rezeptteil. *Seite 67*

Plötze, Rotfeder, Ukelei spielen beim Angeln eine große Rolle. Wie sie aufzuspüren und an den Haken zu bringen sind, beschreibt Kapitel 6. Der Erfolgsautor Christian Morgenstern verrät sodann dem Leser, wie «Fisches Nachtgesang» beschaffen ist. Dazu wieder leckere Fischrezepte. *Seite 85*

Vom weit verbreiteten *Blei* handelt Kapitel 7. Helmut Kraft leitet auch dieses Kapitel mit zweckdienlichen Hinweisen ein. Daß die stillen Angler es mitunter faustdick hinter den Ohren haben, beweist Renate Holland-Moritz mit ihrer Geschichte «Anglerlatein». Ausgefallene Fischrezepte am Ende des Kapitels. *Seite 95*

Den Reigen der einheimischen Fische beschließt die «launische Forelle», die etwas für Könner an der Angelrute ist. Und welcher Leser möchte das nicht werden? Also nachlesen in Kapitel 8, wie man *Forellen und Äschen* erfolgreich fängt. Was Heinz Knobloch zum Thema Fisch eingefallen ist, darüber plaudert er in originellen Feuilletons. Anschließend wieder Rezepte. *Seite 109*

Aufzeichnungen an Fliegengewässern Thüringens und Auskünfte zur *Originalbindeweise alter Angelfliegen* finden sich am Ende des Buches, ebenso ein *Quellenverzeichnis* und für den Angler wichtige *Gesetze und Verordnungen. Seite 131*

Und weil es Anglerwitze wohl nicht weniger als Wandererwitze gibt, bringt jedes Kapitel eine Kostprobe davon.

Von Fischweid und Angelpoesie

Kleiner Streifzug durch die Geschichte des Angelns

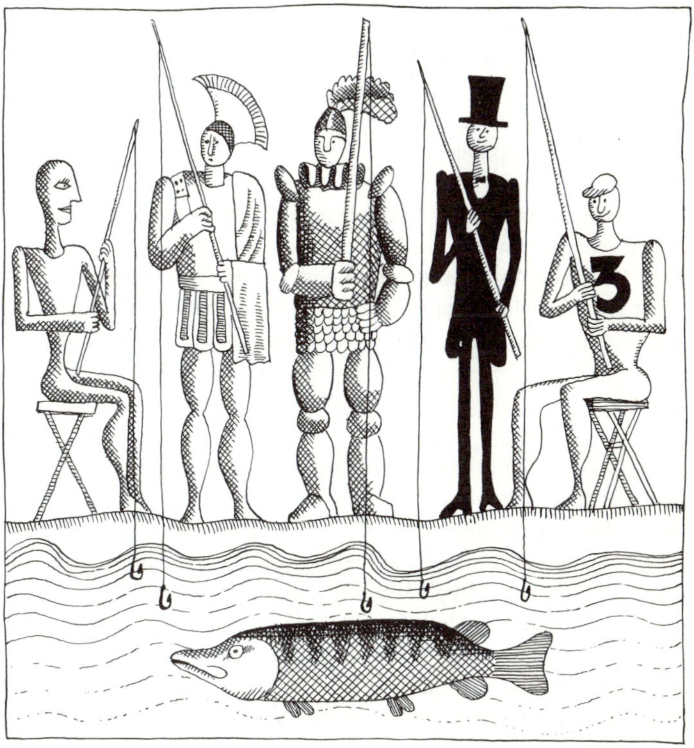

Den Fischen hat der Mensch schon in der Urzeit nachgestellt. Das belegen Funde, aber auch Beobachtungen von Völkern und Stämmen, die heute noch ähnlich der Urgesellschaft leben. Expeditionen in tropische Regenwälder oder zu fernen Inseln haben anschauliche Filmdokumente darüber mitgebracht, mit welchem Ideenreichtum Menschen

Fische fangen. So unterschiedlich dabei die Techniken auch sind, eines ist allen gemeinsam: die Beobachtung der Fische und ihrer Verhaltensweise.

Die Fischweid in der Steinzeit

Als älteste Beutemethoden kennen wir das Aufsammeln und Greifen von Fischen in Ebbe- und Überschwemmungsgebieten sowie das Scheuchen der Flossenträger in Flachwasser, das man ausschöpfte oder den Fang mit Stülpkörben sicherte. Auch das Jagen mit Steinen, Keulen und der Schleuder war in Gebrauch. Abgelöst wurde diese Jagdform durch Pfeil und Bogen und durch den Wurfspeer, der an langer Leine befestigt war und die Fische harpunierte. Der in der mittleren Steinzeit seßhafte und Ackerbau und Viehzucht betreibende Mensch fing sein Schuppenwild mit Zug- und Wurfnetz, Garnreuse und Hamen (Schöpfnetz).

Die Beobachtung, daß Fische hingeworfene Brocken auch dann noch gierig schnappen, wenn sich in ihnen Haken verbergen, lehrte die Menschen das Angeln. Frühe Beweise dieser Tätigkeit liefern uns 3000 Jahre alte Angelgeräte und Köder, die bei Ausgrabungen in der Stadt Kisch in Mesopotamien (Irak) 1925 von einer amerikanischen Expedition gefunden wurden.

Angeln im Altertum

Ältestes Dokument eines reinen Angelvergnügens ist wohl ein Wandgemälde im alten Pompeji. Bis zum Untergang der Stadt im Jahr 79 unserer Zeitrechnung zierte es die Casa del Poeta tragico (Villa des tragischen Dichters) und zeigt die Liebesgöttin Venus, wie sie listig mit feinstem Angelgeschirr Amor am Haken festzumachen sucht, während er am anderen Flußufer mit der Angelrute Fische fängt. Der Schalk dieses Bildes spricht dafür, daß das Angeln zu Beginn unserer Zeitrechnung bereits Volksbrauchtum war und auch im übertragenen Sinne verstanden wurde, so wie heute bei uns.

In diese Zeit fällt auch die biblische Geschichte von Simon Petrus, dem Fischer am See Genezareth. Ihn und seine Gesellen wählte Jesus zu seinen ersten Jüngern, weshalb es in einem alten Angelbuch heißt, daß sich «auch aus den Fischern Apostel und Lehrer zubereiteten» («... von nun an wirst du Menschen fangen»).

Nur wenige Angler, die sich heute am Fischwasser mit Petri-Heil begrüßen und sich Petrijünger nennen, denken dabei an diese uralte Geschichte. Sie dokumentiert, in welch hoher Gunst der Fischfang vor 2000 Jahren stand.

Wie im Altertum geangelt wurde, zeigt auch anschaulich ein Mosaik aus dem 2. Jahrhundert u.Z., das heute in Tripolis aufbewahrt wird. Es läßt den Betrachter an einem Vergnügen zweier Römer beim Angeln auf Meeräschen teilnehmen, das schon mit kleinsten handgeschmiedeten Angelhaken, filigran verjüngten Angelruten, feinsten Netzhandkeschern und Angelleinen ausgeübt wird und dem Angeln unserer Tage nicht nachsteht.

Fischfang und Angeln im Mittelalter

Über die weitere Entwicklung der Fischweid in den folgenden Jahrhunderten gibt es nur spärliche Überlieferungen. Nach ihnen sorgten vor allem die Klöster für die Verbreitung der Fischzucht, weil Fisch als Fastenspeise begehrt war. Da strenge Glaubensregeln freitags sowie in der Passionszeit, von Aschermittwoch bis Ostern, Fleisch verboten, hielten sich die Mönche am Schuppenwild schadlos.

Aus der Zeit um 1200 wird von Gilden und Zünften berichtet, in denen sich Fischende, oft zusammen mit Schiffseignern oder Fischhändlern, zusammenschlossen. Neben wirtschaftlichen Vorteilen lag der Wert dieser Vereinigungen in damaliger Zeit vor allem im Erhalt der handwerklichen Fischerei. Denn Zunftsbestimmungen geboten die Ausbildung des Nachwuchses sowie den Schutz der Fischweid. Dazu zählten schon damals Mindestmaße für Fische und Netzmaschen, Vorschriften über Fanggeräte sowie Maßkontrollen auf Fischmärkten.

Zu den wenigen schönen Zeugnissen mittelalterlicher Angelpirsch zählen Verse und Bilder aus der berühmten Liederhandschrift des frühen 14. Jahrhunderts. In ihnen schildert der Künstler Rüdiger Manesse Angelpartien, wie des Ritters Schionatulander, der mit der «Vederangel» (Fliegenangel) im klaren schnellen Bache Äschen und Forellen fängt, indes die ihn begleitende Liebste in einem Buch liest.

Für den «gemeinen» Mann, den Bauern oder Unfreien, blieb das Fischen jedoch ein Recht, das ihm vom Adel immer mehr beschnitten wurde. Im Deutschen Bauernkrieg 1525 erhoben deshalb die Bauern in ihren zwölf Artikeln auch die Forderung nach Freiheit der Jagd und Fischgerechtsame. Mit der Niederlage der Bauern blieb diese Forderung jedoch für Jahrhunderte unerfüllt.

Aufschlußreich für die Geschichte des Angelns sind auch die Bilder Jörg Kölderers, welche die Jagd- und Fischereibücher des Kaisers Maximilian (1459–1519) schmücken. Neben der Darstellung aller zu Beginn des 16. Jahrhunderts angewandten Fischfangmethoden, wie Netz-, Hamen- und Reusenfischerei, Speeren und Greifen von Fischen und Krebsen bei Fackelschein, zeigen diese Illustrationen, wie sich Hofgesellschaften bei der Fischweid, der Jagd und der Falknerei vergnügten. Das stille Angeln stellte der Maler zumeist abseits vom Trubel höfischer Ausflüge dar. Was sich künstlerisch nicht darstellen ließ, waren allerlei damals verbreitete Geheimrezepte und das Fischen mit Giftködern, zu denen man beispielsweise den Samen des Alpenveilchens oder der Königskerze, später auch Betäubungsmittel tropischer Pflanzen nutzte. Andere «altbewährte» Fischgeheimnisse, die man Witterung nennt, weil sie duften und dadurch Fische herbeilokken sollen, braute man aus süßem oder salzigem Teig mit Anis, Fenchel, Lavendel, Vanille oder Honig, durch Schaffett oder Öl geschmeidig gemacht. Weil solche Mittelchen der Fischweid stets etwas Geheimnisvolles verliehen, andererseits Angler auch an sie glauben, erhielten sich die harmlosesten bis in unsere Zeit. Welch seltsame Blüten diese Künste im Mittelalter zuweilen trieben, ist in Vergessenheit geraten.

Fischbüchlein des 15. und 16. Jahrhunderts

Erhaltene «Rezepturen» zum Fischfang, so wie sie Anglern damals als Anweisung dienten, finden wir in allen uns bekannten sogenannten Fischbüchlein des 15. und 16. Jahrhunderts. Da man um diese Zeit auf Gelehrsamkeit sah, sind viele dieser Rezepte dem «groß Doctor und natürlichen meister Albertus Magnus» (1193–1280) zugeschrieben: «Ite nim vo rosen ein wenig // und ein wenig senff und ein fuß vo einem wißel das // alles geleget in ei netz od'hame so bistu (wirst Du) vil fisch fahe». //

Erstaunlich ist, daß von diesen Fischbüchlein, die zumeist nur wenige Seiten stark waren und in kleineren Abhandlungen auch Anleitung zum Vogelfang enthielten, die gesamte deutschsprachige Angelliteratur beeinflußt wurde. Vor allem der Ratschlag, die Fische mittels Duftstoffen (Witterung) aus der Ferne an die Angel und in Reusen zu locken, fand Eingang in die meisten großen Fischereibücher des 16. bis 19. Jahrhunderts.

Rezepturen des Barons von Ehrenkreutz

Noch 1886, in der 14. Auflage seiner «Angelfischerei»[1], belehrt uns Baron von Ehrenkreutz, einer der Klassiker der Angelliteratur, über Witterungen, «die noch mehr als durch bloßen Köder die Fische an die Angel anlocken». Zu ihnen zählte er vor allem das «Reiger- oder Reiher-Oel», dessen Herstellung er genau anweist. Daß manche Witterung nach Aberglauben rieche, räumte der Baron allerdings an anderer Stelle seines Buches selbst ein. Er ließ sich dennoch nicht davon abhalten, beispielsweise den Forellenanglern noch anno 1886 ein Liebstöckel-Rezept zu empfehlen, das von einem Klosterbruder stammte und von ausgezeichnetem Erfolg sein sollte. Beim Angeln, so empfahl Ehrenkreutz, ist das Beste, wenn man die Witterung «auf die Schnur streicht und zwar kurz vor dem Haken».

Die Anfänge des modernen Angels

Historiker schreiben, daß die eigentliche Geschichte des Freizeitangelns mit der Herausgabe zweier englischer Bücher beginnt. Während wir von dem ersten, außer seinem Erscheinungsjahr 1496 und dem Titel «Abhandlung über den Fischfang mit der Angel» nur wenig wissen (es soll von einer Dame namens Julyana Bernes oder Barners verfaßt sein), ist das zweite, 1653 von Izaak Walton geschriebene Buch «Der Vollkommene Angler oder eines nachdenklichen Mannes Erholung»[2] heute Millionen von Petrijüngern bekannt. Die Vorliebe für dieses Werk, das auch in der DDR in bisher vier sofort vergriffenen Auflagen erschienen ist, erklärt sich aus der Schlichtheit einer Angelpoesie, die uns der Dichter auch in Versen vorträgt:

Komm, leb mit mir als Liebste mein,
und neue Freud wird unser sein.
Im goldnen Sand, am Silberbach
stelln angelnd wir den Fischen nach.

Der Fluß blitzt heller noch im Licht,
sieht er dein lieblich Angesicht.
Zum Ufer drängt der Fische Schar,
die du bezaubert ganz und gar . . .

---

[1] «Das Ganze der Angelfischerei und ihrer Geheimnisse». 1845
[2] Waltons Buch ist heute in über 400 Auflagen in alle Sprachen der Welt übersetzt.

Zwei Berliner mieten sich ein Boot und rudern zum Angeln auf den Müggelsee. Sie fangen sieben schöne Fische. Der eine Berliner schneidet jedesmal, wenn ein Fisch an der Angel hängt, eine Kerbe in den Rand des Bootes und erklärt:

«Damit wa de jute Stelle wiedafinden.»

Sagt der andere Berliner: «Wenn wa Pech ham, kriejen wa nächstens ein anderet Boot, wat'n denn?»

Paule kommt heulend nach Hause. Mutter fragt, was eigentlich los sei.

«Vater ist vorhin beim Angeln ins Wasser gefallen.»

«Aber da brauchst du doch nicht zu weinen, das ist doch zum Lachen.»

«Hab' auch gelacht», schluchzt Paule.

Solche Verse dichtete in Deutschland damals niemand über das Angeln. Erst 200 Jahre nach Walton begann man, hierzulande britische Angelkunst zu beachten. Zunächst aber nur der schönen Angelgeräte wegen, mit denen etwa ab 1830 wohlhabende britische Petrijünger in den landschaftlich reizvollen Flüssen des Voralpenlandes und Thüringens mit künstlichen Fliegen auf Forellen und Äschen fischten. Das äußere Bild eines solchen Anglers überliefert uns 1886 Ehrenkreutz:

«Wenn man einen englischen Angler mit seinen Geräthen ans Ufer treten sieht, so muß man ihm Glück im voraus prophezeien; vom Angelstock, der ihm ein Spazierstock ist, oder ein Angelstock zum Zusammensetzen mit mehreren Aufsätzen zu verschiedenen Zwecken, die alle in einem Futteral stecken und einen Nichtkenner einen Regenschirm darin vermuthen lassen, bis zur Schnur, Flosse und Angel, erregt Alles durch seine Festigkeit und Zweckmäßigkeit, mit einer Nettigkeit verbunden, unsere Bewunderung.»

Bekannt wurde die britische Angelkultur auch durch einige wenige Handlungen für Angelgeräte sowie durch das 1848 in Weimar erschienene «Taschenbuch der englischen Angelfischerei» von Ephemera. Das Flugangeln oder Fliegenfischen indes wurde in Deutschland erst populär durch den passionierten englischen Angler und Schriftsteller John Horrocks, der 1840 nach Weimar übersiedelte und dort bis zu seinem Tode 1881 lebte. In seinem heute noch viel gerühmten Buch «Die Kunst der Fliegenfischerei auf Forellen und Aschen»[1] erklärt uns 1874 der Wahl-Weimarer, was Engländer seit über 400 Jahren unter «fields sports» (ländliche Vergnügungen) verstehen. Daß Sport in unserem Lande damals unbekannt war – worüber heute noch viele erstaunt sind –, erfahren wir von John Horrocks: «Sport läßt sich durchaus nicht ins Deutsche übersetzen. Ein klarer Beweis, daß der Begriff schon dort nicht existiert. Ein Sportsmann in Alt-England ist nicht allein ein ausgezeichneter Jäger, sondern ein kühner Verehrer aller männlichen Vergnügungen, wie Reiten, Fliegenfischen, Rudern, Schwimmen, Fahren etc. So z.B. wird man in England bei der Rückkehr von der Jagd niemals gefragt: ‹Haben Sie viel geschossen?›, sondern ‹Have you had good Sport?› Zu deutsch: ‹Hatten Sie guten Sport?›» Damit war erstmals in der deutschen Literatur auch ein Angler dargestellt, der zu seinem «Vergnügen und nicht des Verdienstes halber angelt».

---

[1] Verleger dieses schönen Buches war der Weimarer Hofbuchhändler Bernh. Friedr. (Heinrich) Voigt, der 1848 auch das Angelbuch von Ephemera (Pseudonym für Edward Fitzgibbon) herausgab.

Weil es aber «noch jetzt viele Narren (gibt), die sich unter dem Begriff Angeln nichts als Würmer, Boote, Geduld und kleine Fische vorstellen», schreibt Horrocks diesen Zeitgenossen ins Stammbuch, daß das Angeln in Wirklichkeit «nicht nur Geist und Körper in einer angenehm und heilsamen anregenden Weise beschäftigt, sondern auch den Beobachtungs- und Forschungsgeist mannigfaltig weckt und ... mehr Geschicklichkeit ... und körperliche Gewandtheit ... verlangt, als andere männliche Ergötzlichkeiten des Landlebens.»

Gleichermaßen wie John Horrocks für die Ideale des Sports eintrat, kritisierte er auch die gänzliche Unzulänglichkeit der damaligen Fischereigesetzgebung und den Raubbau an der Natur durch die Fischereibesitzer und Fischer selbst, denen «nichts heilig» ist. Aus 30jähriger Anglererfahrung berichtet er, daß er in der Ilm von 1840 bis 1850 während mancher Saison 400 bis 500 schöne Fische fing, das Stück 1 bis 1½ kg schwer, jedoch heutzutage (1860) «schon mit einem Dutzend solcher zufrieden ist. In der Umgebung Weimars gehört ein Lachs jetzt zu den größten Seltenheiten, ebenso in der Saale, wo sie vormals hundertweise gefangen wurden.»

Heute wissen Angler von Lachsen in der Saale nichts mehr, denn 1884 hatte sich keines der in Deutschland «in voller Kraft bestehenden 134 Fischereigesetze, Erlasse und Verordnungen» ihrer und dem Schutz der Gewässer angenommen.

Während die Zahl der Fische in Flüssen und Bächen zurückging, nahm die Zahl der Angler zu. Um ihre Interessen zu wahren, gründeten Petrijünger um diese Zeit Anglervereinigungen. Als älteste Anglergruppe (deren Namen auch eindeutig auf das Angeln hinweist, etwa im Gegensatz zu dem «Münchener Fischer-Klub von 1854» oder dem «Deutschen Fischereiverein von 1871») gilt der am 8. März 1866 von etwa 80 Anglern in Berlin-Friedrichshain gegründete «Centralverein der Angelfreunde». Erinnerungsstücke aus dieser Zeit, wie die Originalfahne des Centralvereins und alte Protokollbücher, werden heute von der «Ortsgruppe Berlin-Friedrichshain», den Nachfahren der einstigen «Angelfreunde von 1866», liebevoll aufbewahrt. Was des Aufbewahrens indes nicht wert war, wurde in unserer Heimat durch Besseres ersetzt: Hohe Angelgebühren oder die sogenannten Wartelisten der Vereine, die vor allem Arbeiter vom Angeln fernzuhalten suchten, sind Petrijüngern heute ebenso fremd wie die einstmalige Beschränkung der Fischweid auf meist nur ein «Vereinsgewässer».

mir ja kein Schild anmachen «Mein Mann ist nämlich Angler», die Leute werden noch denken, ich bin alleinstehend. Sind Sie alleinstehend? Zweimal geschieden? Jaja, im Sport und in den Scheidungen ist unsere Heimat Spitze. Apropos, da ziehe ich gestern abend meine Spitzenbluse an und den lila Rock und sage: «Wollen wir nicht einmal ausgehen?» Und er: «Also, da hatte ich doch einen Aal gefangen, dick wie mein Arm, und im letzten Moment muß mir das Biest wieder entwischen.» Ich sage aalglatt, daß ich von seinem Anglerlatein genug habe, mich zieht es zu einer lateinamerikanischen Kapelle ins «Eldorado», worauf er mir erklärt, daß Lateinamerika ein Eldorado für Fischreichtum ist. Ich mustere ihn von oben bis unten und sage ganz sanft: «Warum sind dir die kalten glitschigen Wassertiere lieber als deine warmblütige Frau?» Da erwidert er trocken: «Weil sie stumm sind. Im übrigen gehe ich jetzt in den Kulturraum. Im Fernsehen läuft ‹Der Angler von Paris› von Friedrich Wolf.»

Ich war natürlich auf fuffzehn. Aber dann fiel mir meine Freundin Conny ein, die mich getröstet hatte: Besser er stellt den Schellfischen nach als den Backfischen. Hat Conny eine Ahnung. Bei ihm beißen weder die einen noch die anderen an, sonst wäre er ja nicht so knurrig.

Wie nett es sich mit Ihnen plaudert. Nun ist mein Pullover fertig geworden, ist er nicht ein Prachtstück? Und nun will ich nach meinem anderen Prachtstück Ausschau halten. Er scheint aufzubrechen. Und so mutlos rudert er, war wohl wieder einmal Sense. Da werde ich mein Krämchen verstauen und ihn vom Anglersteg abholen, dann kann er mir wieder von seinen verpaßten Gelegenheiten erzählen. Und Ihnen würde ich raten, wenn Sie doch noch einmal auf Freiersfüßen latschen wollen, denn die Dummen werden ja nicht alle, nehmen Sie bloß keinen Angler. Es bringt nichts ein.

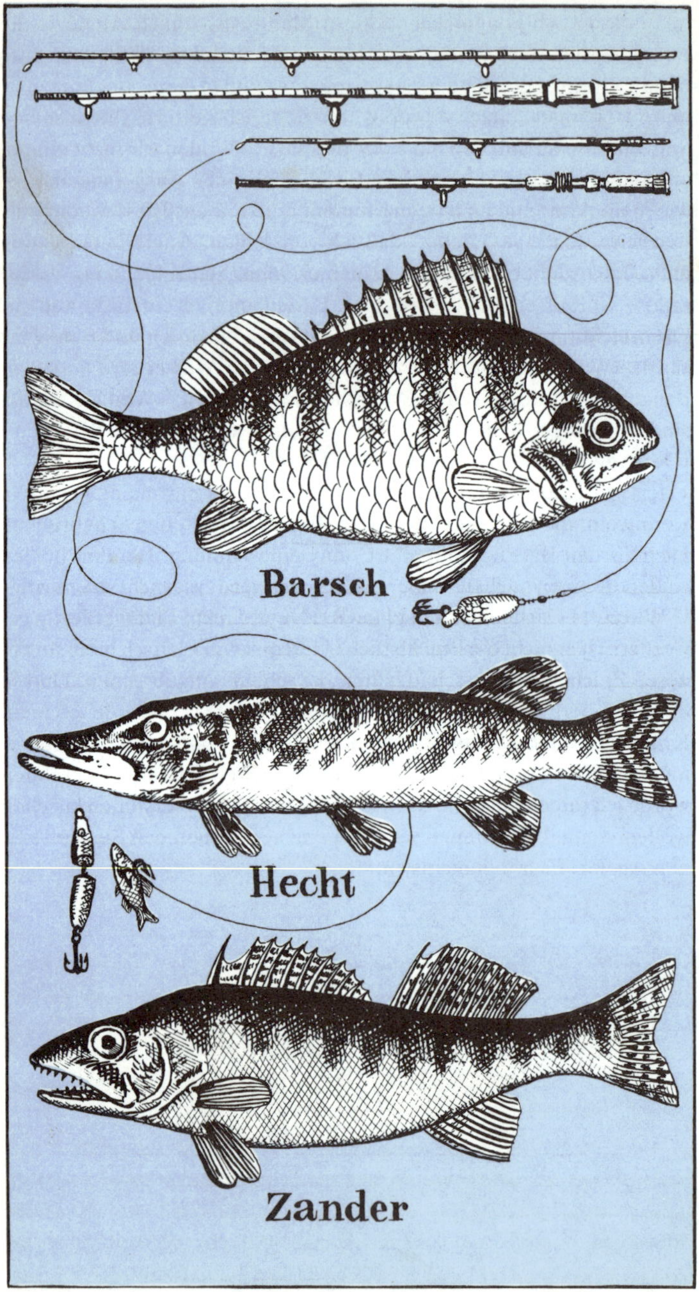
Barsch
Hecht
Zander

Zander, Barsch und Hecht

Von jeher hat der Barsch Referenzen, die Hecht und Zander nicht vorweisen können. Zwar war der Hecht – sogar unter seinem heutigen Namen – den Griechen und Römern gut bekannt, ihre Tafel zierte jedoch der Barsch.

Den *Zander* hingegen scheinen die Alten nicht gekannt zu haben. Er bleibt auch im «Heidelberger Fischbüchlein von 1493» unerwähnt. Der erste, der von ihm berichtet, ist Conrad Gessner 1558. Den Anglern ist der Fisch von nun an als «Sander» bekannt.

1729 schreibt Gottfried Jacob Wagner in seiner «Edlen Fischerey» über ihn, daß er «ein länglichter und mit rauhen oder scharffen Schuppen bedeckter Fisch (ist), aus einen Hecht und aus einen Parsch gleichsam zusammengesetzt, denn der Kopf ist schmal, nach Art der Hechte, der übrige Leib aber gleichet einem Parsch». Der für den Zander mancherorts noch gebrauchte Name «Hechtbarsch» hat hier seine Wurzel. Wissenschaftlich wird der Zander als Stachelflosser zur Familie der Barsche gezählt und Stizostedion lucioperca L. genannt.

Bei guter Futtergrundlage (Flohkrebse, Insekten, kleine Weißfischchen) kann er bis zu 1,20 m lang und ca. 15 kg schwer werden. Der Angler sucht ihn in Seen und Flüssen, die jedoch nicht zu kalt und zu klar sein dürfen, im tiefen und dunklen Wasser, in Flüssen mehr außerhalb der Strömung.

Das gebräuchlichste Angelgerät, mit dem der Petrijünger heutzutage dem Zander, aber auch dem Hecht und Barsch nachstellt, ist die Spinnangel. Sie wird in einer Länge von 2,10 bis 2,40 m gewählt und mit einer soliden, leicht laufenden Angelrolle versehen, auf die die 0,30 bis 0,40 mm starke Schnur aufgespult ist.

Als Köder benutzt der Angler sogenannte Spinner, Blinker oder Wobbler. Die ersten beiden sind aus Metall, die sich durch Zug an der Angelschnur im Wasser drehen bzw. taumelnde Bewegungen vollführen und dadurch den Fisch zum Anbiß locken; Wobbler werden vorwiegend aus Holz gearbeitet und dienen ebenfalls als Reizköder. Für Hechte wählt man diese Imitation größer, für Barsche hingegen kleiner als für Zander.

Während der Zander ein «zartes» Leben hat und nicht in allen Gewässern vorkommt, gilt der *Barsch,* der wissenschaftlich Perca fluviatilis L. heißt, als «Allerweltsfisch». In Flüssen bevorzugt er strömungsgeschützte Stellen (Brückenpfeiler, Kolke, Uferpartien usw.), in Seen die sogenannten «Barschberge», das sind Erhebungen des Seegrundes mit zumeist reichlichem Wasserpflanzenwuchs.

Da es dem Barsch trotz mancher Launenhaftigkeit selten an Appetit fehlt, geht er auch freudig an die Angel. Lediglich im Winter, wenn er tief steht, träge ist und weniger frißt, läßt er sich nur in den wärmeren Mittagsstunden an den Haken bringen. So richtig anzubeißen pflegt der Barsch erst dann, wie der Angelschriftsteller Izaak Walton 1653 zu berichten weiß, «wenn die Maulbeerbäume zu knospen anfangen, was die Gärtner als Zeichen nehmen, daß die Gefahr strenger Frühjahrsfröste vorüber ist».

Der Petrijünger nutzt die Freßgier des Barsches und bietet ihm Würmchen, Maden, kleine Blinker – ja selbst lebende oder tote Fischchen an.

Zunehmend mehr Angler benutzen zum Barschfang aber auch Kunstköder wie die Fliege, Nymphe oder den fischähnlichen Streamer. Auf große Haken (12 bis 8) gebunden, werden diese Imitationen an der Angelschnur ausgeworfen und nach leichtem Absinken ruckweise wieder eingeholt. Wenn der Angler seine Scheinfliege so führt, daß der Fisch in ihnen ertrunkene Insekten oder vom Gewässergrund aufsteigende natürliche Nymphen sieht, wird er zupacken.

Da Barsche bis zu 40 cm groß werden können und dann etwa 2 kg wiegen, läßt sich vorstellen, daß Petrijünger sie an der Angel schätzen. Daß im alten Fischbüchlein von 1493 gesagt wird: «Ein bersich (ist) ein ritter», führe ich auf sein rauhes, einer Ritterrüstung gleichendes Äußere zurück, denn seine Haut ist, wie sich Walton ausdrückt, «mit einem Panzer aus starken, dicken, harten Schuppen bedeckt».

Dieser Gedanke könnte Lorenz Oken nahe sein, der 1836 schreibt, daß der Barsch «ungeachtet seiner Stacheln in der Rückenflosse vom Hechte verschlungen wird, jedoch nur, wenn er hungrig ist».

Das Hohelied vom Barsch singt der Römer Ausonius (4. Jahrhundert u.Z.) in seiner Mosella (Moselgedicht):

«Dein will ich gedenken, o Barsch, du Freude der Tafeln,
Unter den Flußerzeugeten du Seefischen vergleichbar,
Einzig des Wettstreits fähig mit röthlichen Barben des Meeres,
Denn unkräftig ist nicht dein Fleisch, und es schließen des derben
Körpers Theil in Scheiben sich fest,
doch Gräthen durchzieh'n sie.»

Und du Hecht, Geselle ganz anderer Art! Sein grimmiger Blick läßt ahnen, daß er keine Rücksichtnahme kennt, weder anderen, friedlich dahinschwimmenden Fischen noch seiner eigenen Art gegenüber. Die Spanne zwischen Unter- und Oberkiefer ist sein Maß. Doch gesunde Fische richten sich danach und meiden ihn, es sei denn, daß sie den zwischen Krautbänken gut versteckten Einzelgänger übersehen.

Gottfried Jacob Wagner kannte das Wesen dieser Räuber, weshalb er sie 1729 in seiner «Edlen Fischerey» gar trefflich «Wasserwölffe» nennt. Eine Geschichte teilt uns Wagner in seinem «Hecht-Capitel» allerdings mit, an die er wohl selbst nicht so recht glaubte. «Die Hechte erreichen ein sehr hohes Alter, und meynen einige, daß sie über hundert Jahr alt werden, welches aber nicht so gar leicht zu beweisen. Herr Lehmann gedencket in seiner Speyerischen Chronick, daß 1497. in Schwaben-Land ein grosser Hecht bey Heylbrunn in einen stehenden Wasser sey gefangen worden, der einen kupffernen Ring umgehabt, in welchen mit Griechischen Buchstaben gestanden: ‹Ich bin der erste Fisch, der in dieses Wasser ist gesetzt worden, von den Händen Friderici II. Röm. Kayser, im Jahr nach Christi Geburt 1230.› Ist also dieser Fisch 267. Jahr in diesen Wasser gestanden, er ist neunzehn Fuß, oder etwas mehr als dry Männer lang gewesen, man führte ihn nach Heidelberg, woselbst Churfürst Philipp auf seiner Tafel davon gegessen, und erstreckte sich sein Gewicht auf 350. Pfund.»

Und nun L. Oken 100 Jahre später zum gleichen Thema:

«Ich habe in Chroniken nachgeschlagen, welche vom Aufenthalt dieses Kaisers handeln. 1230 war er nicht in Deutschland, sondern in Italien. In Kaiserslautern, wo der Fisch abgebildet seyn sollte, wollte im Jahr 1821, wo ich daselbst darnach fragte, niemand etwas davon wissen. Indessen heißt doch ein Weiher daselbst: Kaisers-Wog.»

Wie alt Hechte tatsächlich werden können, darüber schweigt im allgemeinen die Literatur auch heute noch. Zu vieles hängt von den Lebensbedingungen ab, unter denen er aufwächst und alt werden darf. Feststeht, daß der Hecht rasch aus dem «Kindesalter» herauswächst und bereits nach zwei Jahren geschlechtsreif ist. Bei guter Futtergrundlage wiegt er dann etwa ½ kg und kann jährlich je ein Pfund schwerer werden.

Der größte in der DDR (1986) an der Angel gefangene Esox Lucius L., wie der Hecht wissenschaftlich genannt wird, hatte eine Länge von 1,35 m und wog 22,1 kg. Solcher «Wasserwölfe» wegen steht mancher Petrijünger zu nachtschlafender Zeit auf und fährt kilometerweit ans Wasser. Ausgesprochene Hechtangler sind begeistert von dem Fisch, andere hingegen können ihn nicht ausstehen. Das krokodilähnliche

Jaja, zum Angeln muß man geboren sein. Wenn man nicht geboren ist, kann man nicht angeln.

Ein Angler saß angelnd am Ufer und wurde gefragt: «Beißen sie?»
Sagt er: «Unsinn, ich angle.»

Ein Angler saß am Rotfedersee und angelte. Ein Spaziergänger, der vorüberkam, sagte: «Petri Heil. Haben Sie schon etwas gefangen, hatten Sie Glück?»
«Quatsch», sagte der Angler, «ich brauche zum Angeln doch kein Glück. Kürzlich habe ich hier riesige Hechte einfach so aus dem Stegreif in der Badehose gefangen.»
«Nanana», sagte der Spaziergänger zweifelnd, «wie kamen die Hechte wohl in die Badehose, was?»

Äußere und der Blick des Hechtes flößen ihnen Furcht ein. Ihre Passion erfüllt sich im Umgang mit friedvolleren Fischen, in deren Augen sie nicht in die Urzeit zu blicken brauchen. Wohl deshalb ist und bleibt Esox auch ein unerschöpfliches Gesprächsthema für jeden Anglerstammtisch.

Wie berühmte Köche über den Fisch denken, sagt uns François Le Goullon, zur Goethezeit Küchenmeister der Herzogin Anna Amalie zu Sachsen-Weimar-Eisenach, in seinem Buch «Der neue Apicius oder Die Bewirthung vornehmer Gäste so wie es die feinere Kochkunst und der Geschmack des 19. Jahrhunderts gebietet»:

«Der Hecht, dieser große Verwüster der Teiche, ist auf der Tafel sehr beliebt, man giebt solchen auf alle Art, in weißer Sauce, gedämpft, gefüllt, und auch in einer warmen Pastete. Am besten ist er ohne Zweifel, gespickt am Spieß gebraten, mit Citronensaft begossen, und mit Sardellen-Sauce gegeben. Auf diese Weise wird man ganz ausgesöhnt mit diesem kleinen Fluß-Crocodil durch seinen ausgezeichneten Wohlgeschmack.»

Anglers Alibi

Ein Fischkrimi
von
Alan Winnington

Als Lew Crady die lange, mit Bäumen gesäumte Auffahrt von Lilton Hall hinunterging, lag ein zufriedenes Lächeln auf seinem Gesicht, aber da er sich nicht umdrehte, konnte das niemand sehen. Er hatte es also geschafft. So weit so gut.

Als sie sich vor einer Woche zufällig auf der Wainforder Kirmes getroffen hatten, war Sir Charles Hattock nichts anderes übriggeblieben, als wenig begeistert zu ihm zu sagen: «Also gut, Crady, wenn Sie unbedingt fischen wollen, können Sie das in dem Abschnitt des Flusses tun, der durch meinen Besitz fließt. Aber Sie vergeuden bloß Ihre Zeit. Es sollte mich wundern, wenn in diesem Wasser noch irgendwas am Leben ist, wo sie weiter flußaufwärts so viel Dreck reinschütten.»

Lady Anne hatte Crady durch ein Fenster im ersten Stock kommen sehen und ärgerlich zu ihrem Mann gesagt: «Da ist dieser Bildhauer aus Wainford, Charles. Was zum Kuckuck kann er wollen?»

«Ach du lieber Gott!» rief Sir Charles. «Ich habe ihm angeboten, er könnte in unserem Wasser fischen, wenn das sein Herz erfreut. Hätte nie gedacht, daß er mich beim Wort nimmt. Vermutlich kommt er jetzt, um die Sache perfekt zu machen.»

«Das ist doch die Höhe», sagte Lady Anne. «Hoffentlich erwartet man nicht von mir, daß ich seine Frau einlade. Wenn sie seine Frau ist, was ich bezweifle.»

«Nein, nein. Nichts dergleichen, meine Liebe. Ich bin sicher, er weiß, wohin er gehört. Er sagt, er brauche Ruhe, um sich für seine Arbeit inspirieren zu lassen. Solange er auf der anderen Seite des Flusses bleibt, was macht uns das aus? Und ich werde dafür sorgen, daß er dort bleibt. Sicher wird er's ohnehin bald satt kriegen, nie was zu fangen.»

Also war Lew Crady mitgeteilt worden, er könne drüben am anderen Ufer fischen, wo sich der Wald fast bis zum Fluß erstreckt – nur mit Angelrute und Schnur natürlich, vormittags bis zwölf Uhr und gar nicht an den Tagen, an denen sich in Lilton Hall die Jagdgesellschaft versammelt.

All dies paßte Lew Crady ausgezeichnet ins Konzept. Denn die meiste Zeit seines Lebens war Verbrechen sein Beruf gewesen, und er wußte – besser als die meisten Menschen –, wenn man sich auf ein Verbrechen einließ, besonders auf ein so schweres wie Mord, war es von entscheidender Bedeutung, daß man seine Abwesenheit beweisen konnte – das heißt, seine Anwesenheit an einem anderen Ort zum Zeitpunkt des Mordes. Ein besseres Alibi als Angeln ließ sich kaum vorstellen.

Das Ergebnis war, daß Sir Charles nicht recht behielt. Lew Crady bekam es nicht satt. Morgen für Morgen, bei jedem Wetter, verließ er, nachdem er Marion einen Abschiedskuß gegeben hatte, sein modernisiertes Tudor-Landhaus und wanderte durch den Wald zum Fluß. In über einem Monat begegnete er nie einem Menschen. Durch das Waldgebiet lief die alte Mauer, welche die Grenze von Sir Charles' Besitz bezeichnete. Der Weg, den er einschlug – es war immer derselbe –, führte zu einer Stelle, wo die Mauer eingestürzt war, so daß er bequem darübersteigen konnte, und zehn Minuten später war er dann an der Flußbiegung, die er sich als Angelplatz ausgesucht hatte.

Hier strömte der Fluß breit und träge dahin. Die Einheimischen hatten ihm gesagt, er werde dort noch weniger Fische fangen als an fast allen anderen Abschnitten des Flusses. Vielleicht hatten sie recht, aber es war ihm gleich, ob er etwas fing oder nicht. Ihm kam es einzig auf sein Alibi an.

Genau gegenüber der Stelle, wo er auf seinem niedrigen Klappstühlchen saß und dem Anschein nach angelte, lagen die Dienstbotenzimmer von Lilton Hall. Sie waren fast zweihundert Meter entfernt: nah genug, um zu sehen, daß er dort saß; weit genug weg, um ihn nicht allzu deutlich zu sehen. Dienstboten sind notorisch neugierig. Es war die Rückfront des Herrenhauses, die auf die Flußbiegung blickte, aber eigentlich war es die Vorderfront. Von der mit einer Balustrade umgebenen Terrasse erstreckte sich der Park bis zum Ufer hinunter.

Jeden Morgen saß Crady, ein Muster an Geduld, dort auf seinem kleinen Segeltuchstuhl. Er trug stets einen gelben Regenmantel und einen alten Uniformbuschhut. Nichts biß je an dem Köder an, den er von Zeit zu Zeit auf den Haken steckte, und dieser Haken war viel zu groß für alles, was er im günstigsten Fall in diesem Wasser fangen konnte.

Niemand kam je in seine Nähe. Schließlich war es privater Grund und Boden, und die Mitglieder der Familie Hattock überquerten offenbar nie den Fluß, obwohl auf der anderen Seite ein Boot vertäut lag. Bei den Dienstboten des Hauses herrschte stets lebhaftes Kommen und Gehen. In der ersten Zeit winkten sie manchmal zu ihm hinüber, aber da er nie darauf reagierte, ließen sie es bald wieder sein. «Alter Muffel», sagten sie achselzuckend zueinander.

Einige der Dienstboten wohnten im Dorf Wainford und tranken ihr Bier im «Weißen Roß», wo auch Crady regelmäßiger Gast war. Nach drei Wochen «Angeln» blieb er einen Tag aus, ging aber abends ins «Weiße Roß».

«Guten Abend, Mr. Crady», sagte einer der Diener zu ihm. «Wie ich gesehen habe, waren Sie heute nicht an Ihrem gewohnten Platz. Das kommt ja wirklich nicht oft vor.»

Crady nickte und drehte ihm den Rücken zu. Je unzugänglicher er war, desto besser. Sie würden ihn dann nicht mehr ansprechen, aber desto aufmerksamer beobachten. Innerlich lachte er. Es war wichtig zu wissen, daß sie ihn vermißten, wenn er nicht da war. Das bedeutete, daß sie angeben konnten, wann er da gewesen war.

Im übrigen hörte er jeden Tag vor zwölf mit Angeln auf und verschwand vom Ufer. Er ließ sein Angelgerät in einer Rhododendronhecke und ging denselben Weg nach Wainford zurück, den er gekommen war. Gewöhnlich trank er ein oder zwei Glas Bier im «Weißen Roß», aber nicht, wenn er Newtons Auto davor parken sah. Es war kindisch, aber sogar jetzt, wo er beschlossen hatte, Newton umzubringen, konnte er es nicht ertragen, mit ihm zusammenzutreffen. Seine heimliche Absicht hätte ihn in Hochstimmung versetzen sollen, aber er haßte Newton so sehr, daß er zitterte, wenn sie einander begegneten, und das geschah unvermeidlich, wenn Newton in das Gasthaus kam, während er dort war.

Newton lebte in Nether Wainford, auf der anderen Seite des Waldes – lebte behaglich von Cradys Geld. Diese Tatsache und seine eigene Hilflosigkeit ließen Crady vor Wut fast ersticken, wenn er Newton erblickte. Im «Weißen Roß» spickte Newton seine Reden absichtlich mit Anspielungen. Er kannte Cradys Vergangenheit.

«Wie geht's deiner Frau?» fragte er zum Beispiel. Er wußte, daß Marion und Crady nicht verheiratet waren.

«Hast du Danny in letzter Zeit gesehen? Er hatte immer eine Menge übrig für Marion.»

Wenn es so aussah, als wollte Crady gehen, sagte er: «Los, trinken wir noch eins. Ich habe dir viel zu verdanken.»

Die Vorstellung, was Newton alles sagen könnte, wenn er betrunken war – was nicht selten vorkam –, versetzte Crady in Panik.

Und immer die Zahlungen, damit Newton den Mund hielt – Beträge, die immer größer wurden.

Er mußte aus dem Weg geräumt werden.

Obwohl Crady ein Berufsverbrecher gewesen war, fürchtete er sich doch vor Mord, und aus diesem Grunde hatte er auch Danny Colters Bande verlassen, die als DER MOB bekannt war. Danny war der größte Gangster in London und gefürchtet vom West End bis zum East End. Wie alle anderen hatte auch Crady sich an Gewalttaten beteiligt, die die Spitzenstellung der Bande sicherten. Er hatte Ladenbesitzern und Kneipenwirten, die sich weigerten zu zahlen, das Gesicht aufgeschlitzt; er hatte Beine und Arme gebrochen, um unzuverlässige Mitglieder der Bande zu bestrafen. Niemand hatte «gesungen», und der Polizei war es ziemlich einerlei, was Typen aus der Unterwelt sich gegenseitig antaten.

Aber Mord war etwas anderes. Als Danny Sid Terry umgelegt hatte, war das Aufsehen enorm gewesen, und es hatte ein Vermögen gekostet, die Sache zu vertuschen. Lebenslänglich Zuchthaus war keine Bagatelle, und Crady wartete auf eine Chance, sich von Danny Colters Bande abzusetzen.

Lew Crady hatte eine gute Erziehung genossen. Er sprach und schrieb korrektes Englisch. Wenn man ihn in einen dunkelgrauen Nadelstreifenanzug steckte, ihm einen Bowler aufsetzte, ihm eine Aktentasche und einen Schirm in die Hand gab und ihm einen Jaguar mietete, mußte er überall für einen Geschäftsmann gehalten werden. Danny, der Schwierigkeiten mit seiner Aussprache hatte, machte ihn zum «Generaldirektor» einer Schwindelfirma, deren Gründung Teil eines großen Betrugsmanövers war.

Im richtigen Augenblick verschwand Crady mit über 150 000 Pfund und mit Marion von der Bildfläche. Marion war damals Dannys Favoritin und hatte tödliche Angst vor ihm. Sie hatte mitgekriegt, was da vor sich ging, und Crady gedroht, ihn zu verpfeifen, wenn er sie nicht mitnahm. Die Idee hatte einiges für sich. Marion gefiel ihm, und er wußte auch, daß es eine ständige Bedrohung seiner eigenen Sicherheit bedeutet hätte, sich mit einer Frau einzulassen, die nicht zur Unterwelt gehörte. Und schließlich gefährdete er sich nicht zusätzlich, wenn er sich mit Dannys Freundin aus dem Staub machte. Wenn Danny ihn jemals fand, war er ohnehin ein toter Mann, ob er nun mit Marion zusammenlebte oder nicht. Wie sich herausstellte, war sie ein häuslicher Typ, ein Mädchen, das ein Heim haben, kochen und Kinder kriegen wollte. Wie sich ebenfalls herausstellte, konnte sie keine Kinder bekommen.

So hatten sie sich in Wainford niedergelassen, einem Dorf mit etwa zwanzig Häusern, einem Gasthaus und einer Kirche. Crady wurde als «der Bildhauer» bekannt und kam gut mit den Einheimischen aus. Er hätte seinen richtigen Namen kaum wiedererkannt.

Bildhauer – es war wirklich zum Lachen! Bildhauer gehören gerade zu den Leuten, die ein Tudor-Landhaus mit reparaturbedürftigem Strohdach und ohne Kanalisation kauften und es in einen Luxusbungalow verwandelten! Das Anwesen hatte eine Scheune, die er zu einem Atelier umbaute, und er brachte auch ein paar «Werke» zustande, die trotz ihrer Scheußlichkeit von den wenigen Leuten, die sie zu sehen bekamen, in den höchsten Tönen gelobt und für äußerst modern gehalten wurden.

Jahre vergingen. Es war ein angenehmes Leben, und Crady hatte nicht die mindeste Sehnsucht nach London. Sie besaßen Geld genug, um zu tun, was ihnen Spaß machte, einschließlich Reisen in die teuersten Ferienorte.

Und das war das Ende ihres friedlichen Landlebens. Sie verbrachten einen herrlichen Urlaub in St. Tropez, wurden sogar zu einer Party eingeladen, auf der sie Brigitte Bardot kennenlernten, schwammen im warmen Mittelmeer, soupierten mit Genuß in winzigen Restaurants, und die ganze Zeit wurden sie beobachtet.

Harry Newton, eins der unbedeutenderen Mitglieder des MOB, das untergetaucht war, weil die britische Polizei nach ihm suchte, hatte Crady und Marion erkannt. Er folgte ihnen nach Wainford, kundschaftete die Gegend aus und entwarf seinen Plan.

Abends trank Crady meistens ein paar Glas Bier im «Weißen Roß», einem alten, gemütlichen Gasthaus mit nur einer Bar und einer Kegelbahn, das wenig einbrachte und deshalb nicht durch Renovierung verschandelt worden war. Niemand achtete darauf, ob die vorgeschriebenen Schließzeiten eingehalten wurden oder nicht, und häufig sah man das Fahrrad des Ortspolizisten nach der Polizeistunde an der Mauer lehnen. An diesem Abend aber war das Rad nicht da.

Crady schlenderte den Weg entlang, der untergehenden Sonne entgegen, und als er etwa fünfzig Meter gegangen war, rief eine gedämpfte Stimme von der Hecke her: «Hallo, Schickie!»

Einen Augenblick lang war Crady vor Angst halb ohnmächtig.

Schickie war sein Spitzname im MOB gewesen, weil er für seine Rolle als Geschäftsmann stets tadellos gekleidet sein mußte.

Er drehte den Kopf zur Seite.

Aus dem Schatten der Hecke trat eine dunkle Gestalt in das Halbdunkel des Weges. Sie kam langsam näher.

«Du, Harry.» Cradys Stimme klang heiser. Sein Körper wurde steif.

«Ganz ruhig, Schickie», sagte Newton. «Das Ding hier ist geladen.»

«Was zum Teufel willst du?»

«Spricht man so mit einem alten Kumpel, Schickie? Das ist doch keine Art. Du hast ganz schön was an Land gezogen – genug für uns zwei. Ich will meinen Anteil. Ich brauche dir wohl nicht zu erzählen, was passieren würde, wenn ich Danny stecke, wo ihr untergekrochen seid, du und die Puppe.» Er legte die Hand auf seine Kehle.

Crady wußte es. Er wäre ein toter Mann, und Danny würde Marion mit seinem Lieblingsmesser das Gesicht zerschneiden.

«Ich hab' da in Nether Wainford ein nettes kleines Häuschen gesehen. Du könntest mir helfen, es zu kaufen. Ganz unter uns, Schickie, Danny ist ein bißchen größenwahnsinnig geworden, und ich möchte auch gern 'raus aus dem Verein.»

Crady stöhnte innerlich. Sein angenehmes, beschauliches Leben – aus der Traum!

Newton lachte selbstzufrieden.

«Also dachte ich mir, geh hierher zu der Gans, die die goldenen Eier legen soll. Ich möchte doch nicht, daß du klammheimlich verduftest, Schickie, nicht wahr?»

Crady versuchte Zeit zu gewinnen.

«Wir können uns darüber unterhalten, Harry», sagte er.

«Aber nicht lange. Wenn du mir meinen vollen Anteil gibst, hau' ich ab, und du hörst nie wieder was von mir.»

Crady wußte zuviel über Verbrecher, um darauf hereinzufallen. Erpresser kamen immer wieder. Außerdem mußte er sichergehen, daß es auch für Newton nur zum Schaden war, wenn er ihn an Danny und den MOB verriet.

«Ich gebe dir hundert Pfund die Woche, und das ist mein letztes Wort, Harry. Überspann den Bogen nicht.»

Aber Newton war ein Spieler. Es war seine Leidenschaft, bei Rennen zu wetten. Er zog nach Nether Wainford und stellte immer höhere Forderungen. Seine unverschämte Gegenwart wurde zunehmend lästiger.

Er mußte einfach sterben.

In seinem Atelier legte Crady gerade letzte Hand an das Prunkstück seines Alibis. Er arbeitete mit Spiegel, Glaswatte und Farbe. Er hatte eine Puppe verfertigt, die so aussah wie er, wenn er fischte. Sie mußte aus zweihundert Meter Entfernung gesehen werden, und immer wieder ging er hinaus aufs Feld hinter seinem Haus und betrachtete sie durch ein verkehrt herum gehaltenes Fernglas. Auf einem Klappstuhl festgeleimt, dem gleichen Modell, das er selber benutzte, angetan mit einem gelben Regenmantel und einem Buschhut, wirkte sie erstaunlich lebensecht.

Klemmschrauben hielten die Angelrute, und dünne Nylonschnüre mit Metallheringen an den Enden liefen über die Schultern, damit der Wind die Puppe nicht umblasen konnte. Wenn Crady nicht an ihr arbeitete, nahm er ihr den Regenmantel und den Hut ab, und dann sah sie aus wie eins der anderen «Werke» in seinem Atelier.

Sein Alibi beruhte auf der Tatsache, daß man von der Stelle am Ufer, wo er fischte, bis zu Newtons Haus zu Fuß fast eine Stunde brauchte.

Während er durch den einsamen privaten Wald dorthin wanderte, Newton umbrachte, dafür sorgte, daß es keinen Zweifel über den Zeitpunkt des Todes geben konnte, und wieder zurücklief, würde sein plastisches Abbild an seiner Statt dort sitzen und den Beweis liefern, daß er sich nicht vom Ufer fortgerührt hatte.

Es würde keine große Fahndung nach Newtons Mörder geben. Anhand der Fingerabdrücke konnte man sogleich feststellen, daß Newton ein untergetauchter Londoner Gangster war. Man würde es für einen Bandenmord halten. Ganz gewiß würde nicht der leiseste Verdacht auf «diesen Bildhauer» fallen.

Am Vorabend von Newtons Sterbetag rief Crady ihn an und sagte, er müsse ihn am nächsten Morgen sprechen.

«Es ist wichtig, Harry», sagte er.

«Ich gehe zum Hindernisrennen. Hat es nicht Zeit?»

«Ich glaube, Danny hat uns aufgespürt. Nichts fürs Telefon. Um neun bei dir. Es ist besser, wenn ich dich antreffe, Harry.»

Der Hinweis auf Danny genügte. Newton würde zu Hause sein.

Crady legte den Hörer auf und ging ins Schlafzimmer. Marion schlief fest. Er hatte ihr zwei Schlaftabletten in ihren Schlummertrunk getan.

Ohne Licht zu machen, holte Crady die Puppe aus dem Atelier. Sie war mit Papier ausgestopft und ganz leicht. Später würde sie mit Benzin übergossen und verbrannt werden. Er trug sie durch den vertrauten Wald zu seinem Versteck in den Rhododendronbüschen. Als er wieder daheim war, stellte er den Wecker. Marion rührte sich nicht, als er neben ihr ins Bett glitt.

Am nächsten Morgen beglückwünschte er sich zu dem Wetter. Es regnete – ein sehr feiner Nieselregen. Genau das, was er brauchte. So konnte man die Unzulänglichkeiten der Puppe nicht wahrnehmen, und die Dienstboten von Lilton Hall würden feststellen, daß «der Bildhauer» schon wieder seit dem frühen Morgen auf seinem Platz saß und fischte, selbst bei dieser gräßlichen Witterung.

Er holte die Puppe aus ihrem Versteck, kroch die letzten paar Meter auf dem Bauch zum Ufer, stellte sie rasch auf und befestigte sie mit den Halteschnüren. Den Haken mit dem Köder warf er ins Wasser, um die Szene zu vervollständigen, und verschwand rückwärts in den Büschen. Mit der über die Wasserfläche ragenden Angelrute sah die Puppe ganz natürlich aus.

Ein Stück den Weg hinunter hing eine Plastiktüte im Gesträuch. Darin waren ein Paar neue Gummischuhe, deren Sohlen er mit Sardinenöl präpariert hatte. Er zog sie an, steckte die ausgezogenen Schuhe in die Tüte und machte sich auf den Weg zu Newton.

Er brauchte fast eine Stunde. Es war zehn vor neun, als er seinen gelben Regenmantel im Wald zurückließ und durch Newtons verwilderten Garten zur Hintertür seines Häuschens ging.

Unter dem Vordach stehend, überprüfte er seine Pistole, eine «sichere» Waffe, die noch aus den alten Zeiten stammte, und stieß die Tür auf.

«Harry», rief er.

Newtons heisere, kratzende Stimme kam aus dem angrenzenden Raum.

«Ah, du bist durch den Wald gelaufen. Wolltest nicht gesehen werden. Na, was ist denn los?»

Als Crady durch die Tür in die Küche trat, drückte er auf den Abzug.

Newtons Gesicht zeigte einen Ausdruck äußersten Erstaunens. Er war bereits tot, als er auf den Fußboden fiel. Ein 38er Dumdumgeschoß hatte ihm das Herz aufgerissen.

Crady, der Handschuhe trug, durchsuchte eilig das Haus. Er fand nichts von Interesse, abgesehen von den letzten hundert Pfund, die er Newton gegeben hatte. Er steckte sie ein. Dann ging er zum Telefon und wählte 999.

Eine Frauenstimme fragte: «Kann ich Ihnen helfen?»

Mit leiser, heiserer Stimme sagte Crady: «Schnell, alarmieren Sie die Polizei. Draußen in meinem Garten schleicht ein Kerl mit einer Kanone herum.»

«Wo sind Sie?» fragte die Telefonistin.

Im selben Augenblick schoß Crady noch einmal, diesmal durch die offene Küchentür, stöhnte und ließ den Hörer fallen.

Er nahm die Hülse des einen abgefeuerten Geschosses aus dem Magazin, ließ die zweite darin, legte eine neue Patrone ein und steckte die verschossene in die Tasche. Dann warf er die Pistole auf den Boden und ging den gleichen Weg zurück, den er gekommen war, nur schneller als vorhin, obwohl er sich sagte, daß er Zeit genug hatte. Zuerst mußte die Polizei ermitteln, woher der Anruf gekommen war. Daß zwei Schüsse gefallen waren, beunruhigte ihn nicht. In dieser Gegend waren immer Leute draußen, die Kaninchen und Wildtauben schossen. Niemand hörte solche Schüsse überhaupt noch.

Er holte die Plastiktüte mit seinen Schuhen aus dem Gebüsch und setzte seinen Weg zu einer Stelle weiter flußabwärts fort. So dicht am Ufer wie nur möglich zog er im Schutz der Bäume die mit Sardinenöl präparierten Schuhe aus und schleuderte sie ins Wasser. Wenn man Spürhunde einsetzte, würden die Tiere die Fährte am Fluß verlieren.

Jetzt brauchte er nur noch die Puppe, sein Abbild, von ihrem Platz wegzunehmen, ein Stück in den Wald hineinzugehen, wo er eine Flasche mit Benzin versteckt hatte, und das verdammte Beweisstück zu verbrennen.

Er beglückwünschte sich. Es war ein typischer Bandenmord: ein einziger Schuß, Waffe weggeworfen, um die Identifizierung unmöglich zu machen.

Gebückt schlich er auf das Ufer zu. Dann richtete er sich auf. Sein Hirn konnte nicht fassen, was seine Augen sahen, und sein Herzschlag stockte.

Sein Abbild war nicht mehr da.

Es schaukelte, ein gelb und schwarzer Gegenstand, auf der anderen Seite des Flusses, und eine Schar Dienstboten von Lilton Hall starrte verblüfft darauf.

Ein Windstoß trieb es ans Ufer. Sie packten es und wollten es an Land ziehen. Aber etwas schien es auf dem Fluß festzuhalten. Sie zerrten mit aller Kraft, und einer begann die Angelschnur einzuziehen. Es war ein ziemlich heftiger Kampf, aber schließlich gelang es ihnen, ihn aufs Ufer zu hieven – einen gewaltigen Hecht, der an die fünfundzwanzig Pfund wiegen mochte.

Während er auf dem Gras zappelte, richteten sie die Puppe auf. Von dort, wo er stand, konnte Crady sehen, wie sie verwirrt die Köpfe schüttelten, eine Erklärung für das Rätsel zu finden versuchten.

Bald würden sie es wissen. Sein Alibi war geplatzt. Ja, noch schlimmer: Er selber hatte den Beweis für seine Schuld geliefert.

Er lief zurück, zurück zu seinem Haus, leise stöhnend, weil nun alle Hoffnung dahin war. Doch nein. Er konnte Marion nicht mit hineinziehen. Aber er mußte es tun. Wenn Danny von der Sache erfuhr, war sie geliefert. Er mußte es ihr erzählen und sie mitnehmen.

Als er anfing zu rennen, hörte er das Bellen der Spürhunde.

Ins Deutsche übertragen von Elga Abramowitz

Hecht in Weißweinbouillon

1 Hecht oder Barsch (etwa 1200 g), 1 Flasche Weißwein, 3 Stengel Sellerienkraut, 2 Mohrrüben, 2 mittelgroße Zwiebeln, 12 Pfefferkörner, 1 Eßl. Salz, 1/4 Teel. Pfeffer, 1 Sträußchen Petersilie, 2 Lorbeerblätter, 1 Teel. Thymian.

Den Fisch ausnehmen, säubern und beiseite stellen. Alle anderen Zutaten mit 1 Liter Wasser in einen großen Topf (oder Bratpfanne mit Deckel) geben und die Bouillon etwa 20 Minuten kochen lassen. Den Fisch einlegen, die Bouillon aufkochen lassen, dann die Flamme klein stellen und alles so lange (25 bis 30 Minuten) leicht köcheln lassen, bis der Fisch gar ist. Diesen dann vorsichtig aus dem Topf auf eine Servierplatte heben. – Den Hecht mit Salzkartoffeln und gedünstetem Gemüse servieren. Oder: Den Fisch erkalten lassen, mit Zitronenscheiben und Petersilie garnieren, Toast, Butter und frischen Salat dazu reichen. – Die Bouillon eignet sich nicht für weitere Verwendung.

«Wo kommst du her?»
«Siehst du doch, vom Angeln.»
«Was hast du denn geangelt?»
«Hechte.»
«Wie viele hast du gefangen?»
«Keinen.»
«Woher willst du dann wissen, daß du Hechte geangelt hast?»

Der Lehrer sagt zum Vater des kleinen Paul:
«Der Junge wird jeden Tag frecher. Gestern habe ich nach Wolfgang Kohlhaases ‹Fisch zu viert› gefragt. Wer hat ‹Fisch zu viert› geschrieben? Da hat er ganz frech geantwortet: ‹Ich nicht›.»
«Wissen Sie», sagt der Vater, «frech ist er ja, aber er lügt eigentlich nicht. Vielleicht hat er ‹Fisch zu viert› wirklich nicht geschrieben.»

Hecht auf italienische Art

Etwa 800 bis 1000 g Hechtfilet (auch Barsch oder Zander), 1 Zitrone, Salz, Pfeffer, 3 Scheiben Speck, 2 Mohrrüben, 2 Zwiebeln, 4 Stengel Selleriekraut, 1 Sträußchen Petersilie, 40 bis 60 g Butter, 4 Bogen Alufolie, Öl.

Das Fischfilet unter fließendem kaltem Wasser abspülen, schnell abtrocknen, mit Zitronensaft beträufeln und leicht mit Salz und Pfeffer einreiben. Beiseite stellen. Den Speck streichholzförmig, die geputzten Mohrrüben in dünne Scheiben schneiden, die Zwiebeln fein würfeln, das Selleriekraut und die Petersilie grob hacken. In einer größeren Pfanne die Butter zerlassen, den Speck und das Gemüse darin unter ständigem Rühren 5 bis 6 Minuten braten. Die Alufolie innen mit Öl bepinseln, die Hälfte des gebratenen Gemüses darauf verteilen, die Fischfilets darauflegen und mit dem restlichen Gemüse bedecken. Die Folie so um den Fisch schlagen und zusammenfalten, daß die Päckchen gut verschlossen sind. Diese auf den Rost der vorgeheizten Backröhre legen und bei Mittelhitze etwa 20 Minuten garen. – Mit Kartoffelbrei und Blattsalat servieren.

Hecht am Spieß

1 Hecht (etwa 1000 bis 1500 g), 1 Zitrone, Salz, 40 g Speck, 80 g Butter, 1 bis 2 Eßl. gewiegte Petersilie.

Den Hecht ausnehmen, gründlich säubern, von innen und außen mit Zitronensaft beträufeln und mit Salz einreiben. Dann vorsichtig mit dünnen Speckstreifen spicken, die Hälfte der Butter mit der Petersilie vermischen, in den Bauch des Fisches streichen und die Öffnung zunähen. Dann auf den Drehspieß stecken und grillen. Dabei öfters mit der restlichen zerlassenen Butter beträufeln. – Zu Hecht am Spieß reicht man Toast und einen frischen Blattsalat.

Gegrillter Hecht

60 g Butter, 2 Eßl. gewiegte Küchenkräuter (Dill, Kerbel, Petersilie), Salz, Paprika, 1 Hecht von etwa 1200 g (auch Zander oder Barsch), 1 Zitrone, Pfeffer, Öl, 4 feste Tomaten.

Die Butter mit den Kräutern, etwas Salz und Paprika verkneten, zu einer Rolle formen, in Alufolie einwickeln und für einige Stunden in den Kühlschrank stellen. Den Hecht filetieren, in Portionsstücke teilen, mit Zitrone beträufeln, etwa 5 Minuten stehenlassen. Dann vorsichtig trockentupfen, die Filetstücke mit Salz und Pfeffer bestreuen, mit Öl bepinseln und im vorgeheizten Grill (auch auf der oberen Einschubleiste des Herdes) von beiden Seiten je 6 bis 8 Minuten grillen. Die Tomaten halbieren, mit Öl bepinseln und während der letzten 5 Minuten mit dem Fisch grillen. Die fertigen Filets mit Tomatenhälften und je 1 Scheibe Kräuterbutter belegen. – Risotto, Toast oder Pommes frites dazu servieren.

Zander im Backteig

1 Zander (etwa 1500 g), Essig, Salz, Pfeffer, 4 Eßl. gewiegte Küchenkräuter, 1 Ei, 1 Eßl. Milch, Eierkuchenteig aus 2 Eiern, 2 Eßl. Mehl, 2 Eßl. Milch und etwas Salz, Öl zum Backen.

Den Zander ausnehmen, gründlich waschen und in 3 bis 4 cm dicke Scheiben schneiden. Diese mit Essig beträufeln, salzen und pfeffern. Die Kräuter mit dem Ei und 1 Eßl. Milch vermengen, die Zanderscheiben innen mit dieser Masse bestreichen. Anschließend jede Scheibe einzeln in den Eierkuchenteig tauchen und in Öl (es soll 3 bis 4 mm hoch den Pfannenboden bedecken) von jeder Seite etwa 4 Minuten backen. – Mit Kartoffelbrei oder Reis und einem frischen Salat servieren.

Zanderschnitten auf Spaghetti

250 g Spaghetti, Salz, 120 g Magerspeck, ½ Tasse kleine Zwiebelwürfel, 6 große Tomaten, 100 g geriebener Käse, 40 g Butter, 800 g Zanderfilet, 1 Eßl. Zitronensaft, Salz, Pfeffer, 1 Ei, geriebene Semmel, Öl.

Die Spaghetti in reichlich kochendes Salzwasser schütten, nicht zu weich kochen, auf ein Sieb geben, mit kaltem Wasser überspülen und abtropfen lassen. In einer Auflaufform den gewürfelten Speck zerlassen, die Zwiebelwürfel darin glasig dünsten, die enthäuteten, halbierten Tomaten zufügen und alles etwa 5 Minuten dünsten. Dann die Spaghetti untermischen, den Käse darüberstreuen, Butterflöckchen aufsetzen und die Spaghetti in der vorgeheizten Röhre 10 bis 15 Minuten backen. Inzwischen die Zanderfilets mit Zitronensaft beträufeln, salzen, pfeffern, in dem verschlagenen Ei und anschließend in geriebener Semmel wenden. In heißem Öl (es muß den Pfannenboden wenigstens 2 mm hoch bedecken) von beiden Seiten in je 4 bis 5 Minuten goldgelb backen. Zwischendurch die Flamme klein stellen! – Die fertigen Fischscheiben mit dem Spaghettiauflauf und Blattsalat servieren.

Zander auf märkische Art

1 Zander (etwa 2000 g), Essigwasser, 150 g Speck, Salz, Pfeffer, 100 g Margarine, 4 Pimentkörner, 2 Nelken, 1 Lorbeerblatt, 4 mittelgroße Zwiebeln, 2 Äpfel, 1 Fläschchen Tomatenmark, 1 bis 2 Eßl. Mehl, ½ Tasse Rotwein, 1 Prise Zucker.

Den Zander ausnehmen, gründlich waschen, 1 bis 2 Minuten in Essigwasser legen, mit Speckstreifen wie einen Hasen spicken, dann innen und außen mit Salz und Pfeffer einreiben. Eine Geflügelpfanne mit der Margarine ausstreichen, den Zander mit dem Rücken nach oben hineinlegen (die Bauchseite ausgebreitet), die Gewürze dazugeben, den Fisch mit geviertelten Zwiebeln und Apfelscheiben belegen und mit Tomatenmark bestreichen. In der vorgeheizten heißen Röhre etwa 45 Minuten braten, dabei öfter mit dem Bratsud begießen. Kurz vor dem Garwerden etwas heißes Wasser zugießen und den Fisch weitere 5 Minuten dünsten lassen. Dann den Zander auf eine vorgewärmte Platte stellen, den Fischsud durchsieben, mit Mehl andicken und die Soße mit Rotwein und Zucker abschmecken. – Als Beilage eignen sich Salzkartoffeln oder Bandnudeln und frischer Salat.

Barschstreifchen

1 Barsch, Hecht oder Zander (etwa 1000 g), Essig, Salz, Pfeffer, 2 Eier, 50 bis 60 g geriebene Semmel, Öl.

Den Fisch ausnehmen, gründlich reinigen und filetieren. (Aus den Resten kann mit Suppengrün, Gewürzen und beliebigen Beilagen eine Fischsuppe gekocht werden.) Die Fischfilets 1 bis 2 Minuten in Essigwasser legen, gut abtrocknen und in etwa 3 cm breite Streifen schneiden. Diese mit etwas Salz und Pfeffer einreiben, in den verschlagenen Eiern und anschließend in Semmelmehl wenden. Wenigstens 30 Minuten im Kühlen stehenlassen!

In eine große Pfanne so viel Öl geben, daß es 2 bis 3 mm hoch den Pfannenboden bedeckt. Stark erhitzen, aber nicht rauchen lassen, die panierten Fischstreifen einlegen und von allen Seiten goldgelb backen. Die Barschstreifen dürfen nicht zu dicht in die Pfanne gelegt werden; lieber ein zweites Mal backen, dann bei Bedarf wieder etwas Öl in die Pfanne geben und erhitzen, ehe die restlichen Fischstreifen hineingegeben werden. – Dazu passen Butter- oder Gemüsereis und frischer Salat.

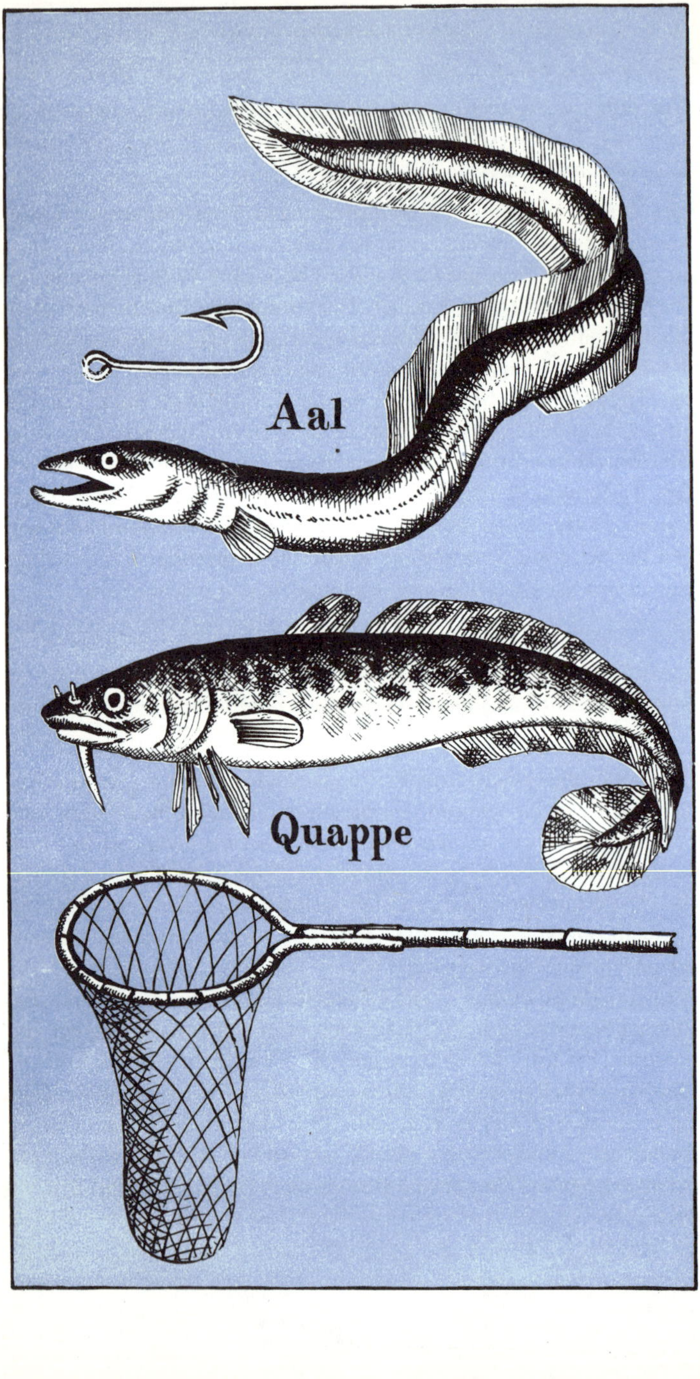
Aal
Quappe

Aal und Quappe

Warum der *Aal* im ältesten Fischbüchlein von 1493 «Gauckler» geheißen, ist nicht überliefert. Vielleicht ist es ein Hinweis darauf, daß dieser Fisch seit undenklichen Zeiten den Menschen ein Rätsel war. Seiner Ähnlichkeit mit Schlangen wegen hatte ihn schon Homer aus der Zahl der Fische in seiner «Ilias» verbannt. Die Römer hingegen, denen man im allgemeinen einen feinen Geschmack nachsagt, erhoben den Aal zum «König ihrer Gaumenfreuden», wie uns 1653 Izaak Walton mitteilt.

Mit der Zeit umwoben den Aal, der wissenschaftlich Anquilla anquilla L. genannt wird, Sagen und Legenden. Vor allem orakelten die Menschen über seine Vermehrung. Da man in ihm weder Rogen noch Milch gefunden oder ihn beim Laichen beobachtet hatte, wurden dem Fisch die seltsamsten Entstehungsgeschichten zugeschrieben. Manche meinten, er würde sich aus sonnenbestrahltem Flußschlamm entwikkeln, andere hielten an der Fabel von seiner Paarung mit der Schlange fest. «Und noch andere nehmen an, daß es in bestimmten Ländern einen klebrigen Tau gibt, der im Mai oder Juni auf gewisse Teiche oder Flußufer fällt und aus dem sich in wenigen Tagen Aale entwickeln. Im Altertum», so schließt Izaak Walton diese Mitteilung, «nannte man so entstandene Aale die Sprößlinge Jupiters. Von anderen Forschern – Dubartas, Lobel, Cambden und Gerrad – wird noch auf die Möglichkeit der Entstehung aus fauligem Holz von stillgelegten Schiffen, Baumwurzeln usw. verwiesen».

Heute wissen wir, daß Aale im Atlantischen Ozean bei den Bermuda-Inseln (Sargassosee) in unheimlichen Tiefen und in unbekannter Art und Weise laichen. Die aus Eiern geschlüpften weidenblattförmigen Larven treiben in Scharen mit dem Golfstrom zu den Küsten Europas, wo sie etwa ein Jahr verweilen, und ihrer Durchsichtigkeit wegen «Glasaale» genannt werden. Etwa im 4. Lebensjahr, nachdem sie gut gekräftigt und ca. 10 cm groß sind, werden sie «Steigaale» genannt, da sie nun stromauf in die Flüsse ziehen (aufsteigen). Ihr Wandertrieb läßt sie dabei erstaunliche Hindernisse überwinden. Daß sie mitunter sogar aus dem Wasser kriechen, um beispielsweise ein nicht zu erklimmendes Wehr zu «umgehen», ist denkbar. Dieser Kunststückchen wegen dichtete man dem Aal wohl auch an, daß er «bei feuchtem Wetter ans Land, ins Getreide und in die Erbsen krieche, welche sie fressen, wahrscheinlich auch um Würmer, Insecten und Schnecken zu suchen. Man hat sie sogar bey strengen Wintern schon im Heu versteckt auf den Ställen gefunden.» Lorenz Oken entlehnte diese Mitteilung offenkundig von Albertus Magnus. Unter Angabe dieser Quelle erzählt uns nämlich I. Walton 1653 die gleiche Legende von den Aalen im Heuschober und nennt das Jahr 1125 als das Jahr des besonders kalten Winters. «Aus alle dem ist ersichtlich», so Walton, «wie empfindlich die Aale gegen Kälte sind.»

Als Rezept, wie man Aale bekommt, wurde noch in der Mitte des 19. Jahrhunderts empfohlen, «die Nähe der Ufer mit Erbsen zu bestreuen».

Nachdem sich der Aal 7 bis 10 Jahre in unseren Gewässern gütlich getan, seiner angenommenen Farbe wegen nun «Gelbaal» genannt, packt ihn, im Zenit seines Lebens, die Sehnsucht, zur Stätte seiner Geburt heimzukehren. Silberfarben bleich im Äußeren (Blankaal), verläßt er Bäche und Flüsse und zieht stromab dem Meer zu. Zusammen mit den an der Küste lebenden kleineren Aalmännchen tritt er nun seine ca. 6000 km lange Reise nach den Bermudas an. Im Meer entwickeln die Aale ihre Geschlechtsprodukte zur Reife, um sich danach in den Tiefen des Atlantiks unrettbar im Liebesspiel zu verstricken. Hätten die Griechen vom Leben und Sterben der Aale gewußt, wäre sicher ihr Verhältnis zu ihnen anders gewesen. So aber sahen sie nur das Schlangenhafte in ihnen, weswegen die Aale auch heute noch von vielen Menschen abgelehnt werden.

Die einzigen, die heute Aale wirklich zu schätzen vermögen, sind Delikatessenhändler, Feinschmecker und Angler. Wobei die letzteren den zweiten voraus haben, daß ihnen die Preise erspart bleiben. Um Irrtümer auszuschließen, sei dazu jedoch gesagt: erstens, daß schon 1836 L. Oken zu berichten wußte, daß «der Aal ein sehr geschätztes und theures Essen ist, und daher nur auf die Tafel der Reichern kommt»; zweitens, daß der Aal in unseren Flüssen immer seltener wird; drittens, daß Aalangeln alles andere als ein Kavalierssport ist. Von dem, der Aalangeln betreibt, verlangt es Härte. Nach dem Anbiß eines starken Aals kann sich der Angler keine Atempause erlauben. Sein ganzes Trachten muß darauf zielen, den Fisch auf rascheste Weise, also ohne jeglichen Drill und Kescher, aus dem nassen Element zu befördern. Diese Prozedur übersteht nur stärkstes Angelgerät, wie beispielsweise die gute alte Bambusrute, eine Multirolle und mindestens eine 40er Schnur. Bei der Freßgier des Aals spielt ohnehin die Feinheit und Schönheit des Angelgeräts keine Rolle, eher ist sie

«War's Aal- oder Krebssuppe, was Sie hatten?»
«Kein' Schimmer, sie schmeckte nach Seife.»
«Dann war's Aalsuppe. Die Krebssuppe schmeckt heute nach Benzin.»

«Haben Sie eine Anglerkarte?»
«Ja. Muß ich sie vorzeigen?»
«Nicht nötig. Aber wenn Sie keine gehabt hätten, hätten Sie sie vorzeigen müssen.»

hinderlich, da der Aalangler stets auf «Biegen und Brechen» handeln muß, was für viele Petrijünger ein Grund ist, dieses Handwerk zu meiden. Hat er den Fisch endlich an Land gebracht, muß der Angler weiteren Verschlingungskünsten, Windungen und Drehungen des Aals Paroli bieten.

Erfahrene Petrijünger packen ihn deshalb mit einem angerauhten Wollappen. In einem gut zugebundenen Leinenbeutel wird der getötete Aal verwahrt. Nur so ist sich der Angler seiner Beute sicher.

Als schönstes gebräuchliches Zubehör beim Aalangeln zählt ein Glöckchen, etwa in der Art, wie es in Vogelkäfigen hängt. Dieses Requisit befestigt der Petrijünger vor der Angelrolle an der Schnur. Klingelt das Glöckchen, wird der Angler zum Handeln gemahnt, da dann am anderen Ende der Schnur der Aal den Köder angenommen hat und mit ihm von dannen zieht.

Am erfolgversprechendsten angelt man Aale nach heißen, gewitterschwülen Tagen und in stockfinsterer Nacht. Passionierte Aalangler hält zu solchen Zeiten nichts mehr zu Hause. Ihre Leidenschaft treibt sie hinaus an die Flüsse, zu den «goldenen» Aalen.

Weit geringere Bedeutung als der Aal hat für den Angler die *Quappe*, die man lateinisch Lota lota L. nennt. In der Literatur wird dieser Fisch stets knapp beschrieben, Verse und Lieder über Quappen hat niemand gedichtet. In Gottfried Jacob Wagners «Edler Fischerey» werden sie 1729 als Aalraupen, wie sie mancherorts auch heute noch heißen, beschrieben:

«Die Aalrupen wurden auch sonst Raupen genennet, und ist ein bekandter Fisch, länglicht, dicke, großköpffig, die Haut dunckel mit schwartzen und gelblichten Flecken eingesprengt, der Bauch aber ist weiß. Sie kommen den Aalen an Glätte sehr nahe. An ihren Kammen hangt recht ein Bart. Das Maul ist weit, und gleichet einem Frosch-Maul. An Floß Federn hat sie ein paar lange, bey den Kiefern, und nahe darbey ein paar breite, fast mitten auf den Rücken fängt eine andere an, und noch eine an den halben Bauche, welche beyde bis an die Spitze des Schwantzes laufen. Ihre Wohnung sind die Ströhme. Es werden die Aalraupen unter die Raubfische gezehlet, so alle die anderen, die sie überwältigen können, verschlingen.»

Die Quappe fängt man das ganze Jahr über, am besten jedoch im zeitigen Frühjahr. Ihre Kost ist die des Aals. Dem Angler nimmt sie deshalb dicke frische Tauwürmer ab, Rindfleisch, Speck, zuweilen Häppchen vom Salzhering und auch Käse.

Da Quappen das Gewicht von Aalen erreichen können, braucht der Angler zu ihrem Fang derbes, festes Gerät.

Und wie man die Quappe schmackhaft zubereitet, erfahren wir aus dem «Leipziger Koch-Buch, welches lehret was man auf seinen täglichen Tisch, bey Gastereyen und Hochzeiten, gutes und delicates auftragen» kann. In ihm berichtet Susanna Eger 1745, wie man Aal-Raupen mit Rosmarin siedet:

«Nimm die Aal-Raupen, reibe sie mit laulichtem (lauwarmem – der Verf.) Wasser und Saltz ab, schneide sie am Bauche auf, nimm das Eingeweide heraus bis auf die Leber, wasche sie rein aus; dann mit laulichtem Eßig gebläuet, in Wasser und Saltz gesotten, doch, daß sie nicht zu sehr gesaltzen seyn. Sie müssen langsam sieden, sonst werden sie harte; dürfen auch nicht gantz trocken einsieden. Mache indessen eine Brühe von Fleisch-Suppe, etwas Wein, Ingber, Pfeffer, Muscatenblumen (Blüte – der Verf.), geriebener Semmel oder Brod, welches dir am besten beliebet und einen guten Stücke gewaschener Butter. Wenn es aufgekocht, so stürtze die Aal-Raupen, lege sie in einen Tiegel, giesse die Brühe darauf. Wenn es mit aufgekocht, so richte sie an, streue klein-geschnittene Roßmarin, Citronen-Schälgen und Muscatenblumen, unter einander gemengt, darüber.»

aalräuchern

von
Jens Gerlach

für caroline

der lohn acht abendlicher stunden:
drei passable aale die
du mühevoll an land gekurbelt und
geborgen hast:
der aal stirbt widerstrebend wie ein mensch . . .

du salzt die fische nochmals gründlich ein
und schlägst dich danach
seitwärts in die büsche:
von buchen viel von weiden wenig laub
und trockne scheite (nur kein nadelholz!)
zwei alte exemplare des «nd» der jutesack
soll gut befeuchtet sein doch niemals naß

die aale stichst du hinterm schmalen kopf
auf rauchgebräunte haken diese hängst
du auf die stangen
die das tonnenrund quer überstreben
wie im speichenrad
der wind darf kommen aber nicht zu hart
denn flammen schaden
nützlich wird nur glut
ein zündholz sprüht: das knisternde papier
fängt rasch die flamme ein und
gibt sie schnell
den spänen weiter
und schon beginnt ein scheit
am faserrand zu glimmen
der seidenrauch schwebt hoch
zum lichten kreis
des offnen runds
die wände heizen auf –
solang die hand dir nicht
verbrennt am fettigen metall ist alles bestens!
gut zehn minuten gart der aal
bei offnem feuerchen
dann erst beginnt der ganz besondre
rauch sein werk:

du schichtest auf die scheite grünes laub
(viel buche etwas erle)
und bedeckst die tonne sorgsam mit
dem jutesack
damit der rauch im dunkeln zaubern kann

nun laß dir zeit: wisch vom gereizten lid
die ausgebeizten tränen doch vergiß den kult
nicht dem du ständig hörig bleibst:
rühr auf die glut
und dämm mit frischem laub sie ein
halt feucht
die jute prüf mit kluger hand den reifegrad
des räucherguts erwäg den besten augenblick
fürs weidenlaub das räucheraalen erst
die bräune gibt

so hörst du kaum den vogelschrei im schilf
den jähen schwall des althechts in der bucht
das aufgeregte kichern aus dem boot
versteckt im ried
wozu auch?
weißt du doch: das bläßhuhn schreit
zu spät im habichtgriff der alte hecht
holt seinen abendblei
und im kanu geht eine jungfernschaft
zur besten zeit
romantisch in die binsen wie es sich gehört . . .

allmählich sinkt die glut
der gute rauch wird zart
wie nylontüll
die wärme mattet lau
du hast dein werk
vollbracht und hebst den sack wie einen
vorhang vor dem letzten akt:
ein duft wie nektar und ambrosia
umschmeichelt dich
und schmeichelnd naht auch sie
die du verehrst
(begehrst . . .) –
auf reingeschrubbtem brett aus heller eiche
reichst du ihr dein werk:
finaltriumph des großen
schauspiels

dem nun dein weiblicher hanswurst
ein unvergleichlich
schofles nachspiel folgen läßt:
du aber starrst verzückt
wie deine göttin –
frißt . . .

Aal grün à la Niederlande

Etwa 800 g Aal, 40 g Butter oder Margarine, 1 mittelgroße geriebene Zwiebel, 2 Tassen gewiegte Küchenkräuter (es kann neben Petersilie, Dill und Kerbel auch Spinat darunter sein), 3 Eßl. Zitronensaft, Salz, Pfeffer, Thymian, 1 Tasse Weißwein, 1 Teel. Kartoffelmehl, 2 Eigelb, 3 Eßl. Kaffeesahne, 1 Sträußchen Petersilie, Zitronenachtel.

Die Aale gründlich reinigen, enthäuten und in 6 bis 7 cm große Stücke zerschneiden. In einer Kasserolle die Butter zerlassen, Zwiebel, Kräuter und 1 Eßl. Zitronensaft zufügen und unter öfterem Umrühren durchschwitzen lassen. Die Aalstücke auflegen, mit etwas Salz, Pfeffer und Thymian bestreuen, den Weißwein darübergießen und alles auf kleiner Flamme etwa 15 bis 20 Minuten dünsten. Inzwischen das Kartoffelmehl mit den Eigelb, der Kaffeesahne und dem restlichen Zitronensaft mit einer Gabel verschlagen. Die Aalstücke aus der Kräutersoße nehmen und in eine Servierschüssel geben. Das Eigemisch in die Soße gießen, mit dem Schneebesen alles kräftig schlagen, erhitzen, aber nicht mehr aufkochen lassen, und über den Aal gießen. Mit Petersilie und Zitrone garnieren, Salzkartoffeln dazu reichen.

Aal grün auf diese Art kann auch kalt (vor dem Servieren 1 bis 2 Stunden in den Kühlschrank stellen) gegessen werden – mit kräftigem Brot und frischem Salat.

Gebratener Aal

700 bis 800 g Aal, 1 Eßl. Essig oder Zitronensaft, Salz, Pfeffer, 3 Eßl. Mehl, 1 Eßl. Öl, 20 g Margarine.

Den Aal gründlich säubern, die Haut vorsichtig abziehen, in etwa 6 cm große Stücke zerteilen. Mit Zitronensaft oder Essig beträufeln, mit

Salz und Pfeffer bestreuen, die Aalstücke in Mehl wälzen und in dem erhitzten Öl ringsum anbraten. Dann die Margarine zufügen, die Flamme klein stellen und die Fischstücke 5 Minuten unter ständigem Wenden goldgelb braten. – Mit Kartoffelbrei oder kräftigem Brot und Blattsalat servieren.

Aal in Weißbier

700 bis 800 g Aal, 3/2 l Weißbier, Salz, 2 Nelken, 4 bis 6 Pfefferkörner, 1 Lorbeerblatt, Rinde von 1 Schwarzbrotscheibe, 5 Zitronenscheiben, 1 in Scheiben geschnittene mittelgroße Zwiebel, 30 g Margarine, 2 Eßl. Mehl.

Den Aal gründlich säubern, enthäuten und in Portionsstücke zerschneiden. Das Weißbier mit 1 Prise Salz, den Nelken, Pfefferkörnern, mit Lorbeerblatt, Brotrinde, Zitronen- und Zwiebelscheiben aufkochen. Die Aalstücke zufügen und auf kleiner Flamme etwa 15 Minuten kochen lassen. Den Aal vorsichtig herausnehmen und in eine vorgewärmte Servierschüssel legen. Aus Margarine und Mehl eine helle Schwitze bereiten, die durchgeseihte Brühe allmählich zufügen und unter ständigem Glattrühren kurz durchkochen lassen. Die Soße über die Aalstücke gießen. – Sofort mit Kartoffeln und einem frischen Salat servieren.

Aal auf Spießen

500 bis 700 g Aal, 1 grüne Salatgurke, Salz, Pfeffer, Mehl, 1 Eßl. Öl, 20 g Margarine.

Den Aal gut säubern, enthäuten und in 2 bis 3 cm große Stücke zerschneiden. Die Gurke schälen, halbieren, entkernen, ebenfalls in 2 bis 3 cm große Stücke schneiden und mit kochendem Wasser überbrühen. Dann abwechselnd Aal- und Gurkenstücke auf Spieße ziehen, mit Salz und Pfeffer bestreuen und in Mehl wälzen. Das Öl in einer schweren Pfanne erhitzen, die Spieße hineingeben und von allen Seiten anbraten. Dann die Margarine zufügen, die Flamme klein stellen und die Aal-Gurken-Spieße unter ständigem Umwenden in etwa 10 Minuten gar braten. – Nach Belieben mit Pommes frites oder Brot servieren. Kräutermayonnaise und ein frischer Salat passen ausgezeichnet dazu.

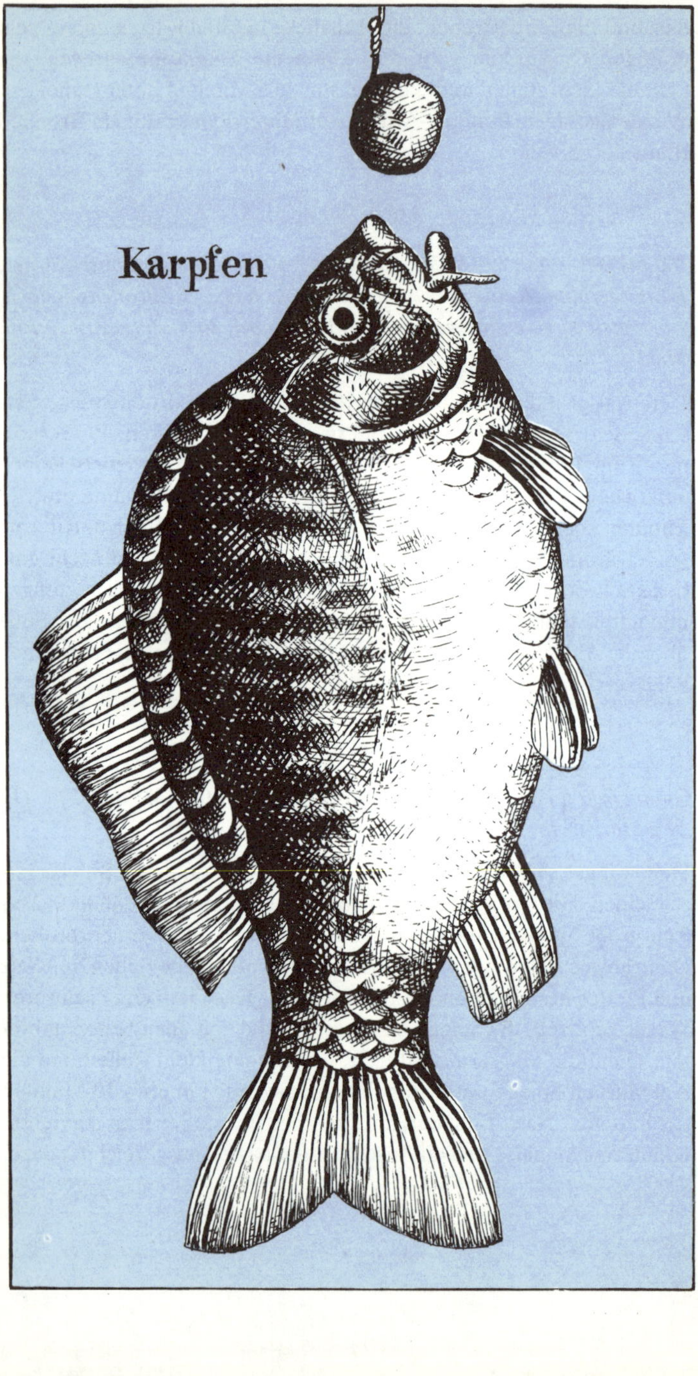
Karpfen

Der Karpfen

Der lateinische Name für den Karpfen, Cyprinus carpio L., wie auch die ihm näher verwandten Fische Cypriniden heißen, hat seinen Ursprung im Altertum. Der Venus von Zypern geweiht, galt er seiner Paarungsfreudigkeit und der vielen Nachkommen wegen als Symbol der Fruchtbarkeit.

Seine Herkunft war lange Zeit strittig. Manche behaupteten, er stamme aus China, andere nahmen Mitteleuropa als seine Heimat an. Durchgesetzt hat sich offensichtlich die Meinung Lorenz Okens, der in seiner «Naturgeschichte für alle Stände» (Thierreich dritter Band, 1836) schreibt:

«Die Karpfen wohnen in großer Menge im caspischen Meer und in seinen Flüssen, wo sie Sasan heißen. In den Flüssen des schwarzen Meeres ist er nicht weniger gemein, seltener aber in diesen selbst. Im nördlichen Rußland und in Sibirien fehlt er, zeigt sich aber wieder in den Flüssen, welche sich ins östliche Meer ergießen, zwar kleiner, kaum 1½ Schuh lang, aber besser. Nach Petersburg kommt er in durchlöcherten Schiffen aus Preußen, wo er erst um das Jahr 1729 soll eingeführt worden seyn.»

Gesichert ist, daß bereits Karl der Große etwa um die Mitte des 8. Jahrhunderts in seinem Reich die Anlegung von Karpfenteichen bestimmte. Hernach spielte der Karpfen als Fastenspeise in der Klosterhaushaltung des Mittelalters eine große Rolle. Um ihn ständig für die Küchen zur Verfügung zu haben, legte man sogenannte Fetteiche an. Das sind Teiche, in denen der Karpfen durch Fütterung fett gemacht wird, nachdem er zuvor in sogenannten Streckteichen groß gezogen wurde.

Als dritte Teichart kennt man die sogenannten Streichteiche, die so beschaffen sein müssen, daß sie zum Ufer hin flach auslaufen, damit die in ihnen gehaltenen Streich- oder Laichkarpfen im Gras laichen können. «Der Streichkarpfen soll 6 Jahr alt seyn und im Juny eingesetzt werden», schreibt Oken, «12 Stück auf einen Morgen, worunter 3 Milchner auf einen Rogner».

Poetisch nimmt es sich aus, wenn wir im ersten gedruckten deutschen Fischbuch, dem «Heidelberger Fischbüchlein von 1493» lesen: «Ein stichling ist ein Kaig (König). Ein salme (Lachs) ein herr. Ein karpe (Karpfen) ein schelme.» Auch im «Vogel-, Fisch- und Thierbuch» von 1666 bei Leonhard Baldner erscheint er als «ein lustiger und trefflich guter Fisch».

Eine brauchbare Aufklärung über den Karpfen erhielt der Angler erstmals 1729 aus dem Buch von Gottfried Jacob Wagner «Der in der Edlen Fischerey wohl-unterrichtende und erfahrne Fischer». In diesem Werk, das zu den drei ältesten Büchern der eigentlichen deutschen Fischereiliteratur zählt und das heute im Original vielleicht nur noch in ein oder zwei Exemplaren nachzuweisen ist (zu meiner Freude bin ich glücklicher Besitzer der Erstausgabe von 1729, die kurioserweise im einschlägigen Schrifttum mit falschem Titel und falschem Erscheinungsjahr angegeben wurde), lesen wir: «Der Karpff ist einer unter denen bey uns und fast in gantz Teutschland bekanntesten und gemeinesten Fischen, fast mehr dick und bauchig als lang. Der äusserlichen Form nach, den Schleyen-gleichender Fisch, mit großen und starken Schuppen besetzt, am Munde haben zwey Knäbel-Bärte; der Bauch weiß. Man unterscheidet sie nach ihren Wohnungen, und also hat man Strohm-Karpffen, See-Karpffen und Teich-Karpffen, es gibt auch etliche, so mit Flecken äusserlich am Leib gezeichnet sind, welche man Spiegel-Karpffen nennet. Diese Arth der gespiegelten Karpffen, fängt man viel im Franckenland (und) in der Donau. Des Nachts sind sie mit den Netzen am besten zu fangen, denn da stehen sie nicht, wie am Tage. Sie halten sich gerne in laimichten, schlammichten und lettichten Gründen auf, es muß aber der Boden nicht gar zu niedrig seyn, sonst bekommen sie einen moderigten Geschmack; mit den Angeln kann man sie nicht leicht fangen. Das beste Stück ist übrigens an einem Karpffen der Kopf; hingegen das schlechteste der Schwanz, als der gar zu viel Gräten hat; sind darneben eine gesunde Speise und geben gute Nahrung. Jedoch muß man darinnen Ziel und Maas zu gebrauchen wissen.»

Über die Biologie der Karpfen wie über seine Gewohnheiten im Wasser wissen die Angler heute gut Bescheid. Auch haben sie aus der Praxis gelernt, daß sie diesem so launischen wie raffinierten Fisch nur beikommen können, wenn sie sich vorsichtiger verhalten als dieser «verschlagene Bursche» selbst.

Ein Neuling der Fischweid sollte sich deshalb zu allererst den Grundsatz «Beobachten, Überlegen, Fangen» einprägen. Beachtet er dies und geht überdies stets «fürsichtig» zu Werke, so wird er Fische jeglicher Art fangen. Sicherheitshalber schlagen wir aber nochmals im Wagner'schen Werk von 1729 nach. Und hier heißt es in Capitel 21:

 «Sehen und hören thun die Fische auch gar scharffe, denn gehe einer über einen Steg oder Brücken, und rege die Arme sehr, oder scheuche mit einen Hut, so wird er bald sehen, wie die Fische voneinander laufen.»

Was den Appetit des Karpfens betrifft, so kann man sich bereits beim Betrachten seiner Leibesfülle eine Vorstellung davon machen. Brot, Brötchen, Kartoffeln, Mais, Hülsenfrüchte – fast alles nimmt er dem Angler ab. Ich bevorzuge als Futter Dosenmais (drei bis vier Körnchen auf den Haken gesteckt) oder gekneteten Brötchenteig, angemacht mit Wasser und etwas Öl. Der Köder hält sich so längere Zeit im Wasser, ohne daß er allzu oft erneuert werden muß. In diesem Zusammenhang sei jedoch gleich vor der Unsitte gewarnt, daß man immer wieder die Angel einzieht, um nach dem Köder zu sehen. Wer des schönen Werfens wegen angeln will, sollte dies auf dem Turnierplatz tun. Am Wasser werden die Fische dadurch nur vergrämt. Ist der Köder einmal ausgeworfen, muß die Karpfenangel ruhen.

Apropos – Karpfenangel. Vom Grundsatz her gilt erst einmal, daß Fische Gott sei dank keine Vorliebe für diese oder jene technische Geräteneuheit kennen.

Beim Karpfenfang nimmt man eine beliebige Angelrute, mindestens 2,40 m, besser 3,60 m lang, versehe sie mit einer soliden, nicht zu kleinen Angelrolle, auf die 100 bis 200 m Schnur in der Mindeststärke von 0,30 mm Durchmesser aufgespult wurde, und ziehe die Schnur durch die Ringe der Angelrute. Danach knote man an diese Hauptschnur eine ca. 50 cm lange dünnere und schwächere Schnur, das sogenannte Vorfach. Den Angelhaken bindet man nun an das Vorfach und versieht ihn mit einem Köder. Ist alles so hergerichtet, wirft man die Angel mittels Schwung über Kopf aus. Das ist die einfachste, jedoch wirksamste Art zu angeln, da sie ohne jegliches Beiwerk, wie Blei und

Pose, für den Fisch am unverdächtigsten ist. Doch wird der Neuling in der Praxis rasch merken, daß diese Angel nur funktioniert, wenn der Köder zugleich auch als Wurfgewicht dient, wie es z. B. mit einer gekochten Minikartoffel am Haken erreicht wird.

Bei einem feineren Angeln mit kleinem leichten Köder oder Fischen auf große Entfernung bedient man sich noch anderer Methoden. Als die bekanntesten seien hier die Posenangel und das Angeln mit der Wasserkugel (Buldo) genannt.

Bei der *Posenangel* bringt der Petrijünger drei bis fünf Körnchen Spaltblei auf das Vorfach oder versieht die Hauptschnur mit einer Bleikugel, mit Wickel- oder Klemmblei. Die Pose befestigt er über der Bleikugel an der Hauptschnur. Der Abstand Pose – Köder richtet sich nach der Wassertiefe, in welcher der Fisch steht. Richtig ist das Verhältnis von Blei und Tragkraft der Pose, wenn diese nicht unter Wasser gezogen wird, sondern etwa ⅕ ihrer Länge aus dem Wasser herausragt.

Zum Angeln mit der *Wasserkugel* sei bemerkt, daß sie – daher ihr Name – mit Wasser gefüllt wird und dem Angler als Wurfgewicht dient. Mit einer solchen Angel, an dessen Haken meistens Brot oder Brötchen (sogenanntes Schwimmbrot) aufgezogen ist, stellt man Karpfen nach, die ihre Nahrung hauptsächlich in den Abendstunden von der Wasseroberfläche nehmen. An heißen Sommertagen erweist sich diese Art zu angeln am besten, wobei der Fisch um diese Jahreszeit auch in den frühen Morgenstunden gut an die Angel geht. Beinahe sicher ist der Fang, wenn die Karpfen am Abend zuvor an günstiger Stelle durch Futter angelockt werden. Karpfen, wie auch andere Friedfische, kann man auf diese Weise nicht nur zu Angelstellen locken, sondern sie auch an diese Plätze gewöhnen. Da die Zahl der Petrijünger heutzutage in die Tausende geht und gute Angelstellen rasch erspäht werden, können natürlich auch andere von den Mühen profitieren. Schauen Sie deshalb nur so zum Spaß am Wasser einfach einmal nach. Das ist natürlich auch ohne Angelrute erholsam und beruhigend. Und sollten Ihnen Angler begegnen, so vergessen Sie nicht, sie mit «Petri Heil!» zu grüßen. Sie sichern sich damit ein «Petri Dank!» und die Sympathie der Angler. Vielleicht auch den Tip, daß Sie nächstens einmal einen Karpfen nach Art des alten Izaak Walton zubereiten sollten.

Das Rezept, seit 1653 überliefert, lautet: «Man nehme einen Karpfen, reibe ihn mit Wasser und Salz sauber und lege ihn samt Leber in einen kleinen Kochtopf oder Tiegel; darauf füge man würzigen Majoran, Thymian und Petersilie hinzu, von allem eine halbe Hand voll, sowie ein Zweiglein Rosmarin und ein Zweiglein Bohnenkraut, die man in zwei oder drei kleine Bündel bindet und mit vier oder fünf ganzen Zwiebeln, zwanzig eingesalzenen Austern und drei Sardellen in den Karpfen legt. Nun begießt man den Karpfen mit viel Rotwein, bis er gerade bedeckt ist, würzt den Rotwein gehörig mit Salz, Nelken und Muskatblüte sowie mit Orangen- und Zitronenschale. Danach deckt man den Topf zu und setzt ihn auf hellodderndes Feuer, bis der Fisch gar gekocht ist. Alsdann nimmt man den Karpfen heraus, tut ihn mit der Brühe in die Schüssel und übergießt ihn mit einem Viertelpfund bester, zerlassener Butter, die man vorher mit sechs Löffel Brühe, zwei oder drei Eidottern und etwas kleingeschnittenen Kräutern verquirlt hat. Das Gericht wird mit Zitronen verziert aufgetragen.»

Anekdoten

von

Eckart Krumbholz

Auch mal

Fidel Castro und Ernest Hemingway angelten gemeinsam. Fidel Castro fing eine Menge Fische, Hemingway keinen. Hemingway äußerte später: «Was ist da zu tun. Es fällt schwer, aber man muß sich daran gewöhnen, auch mal zweiter zu sein.»

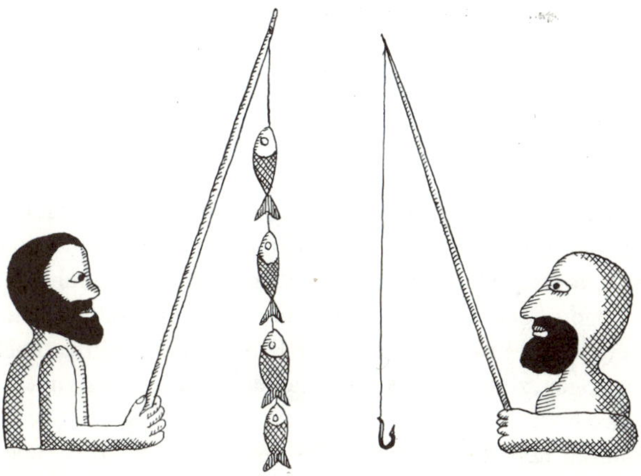

Schöne Landschaft

Bei seinem Besuch 1964 in der DDR ging Michail Scholochow mit Willi Bredel angeln. «Was haben Sie denn gefangen?» wurden beide nachher gefragt. Willi Bredel zuckte die Schultern, aber Michail Scholochow sagte: «Nichts – leider. Vielleicht sind hier gar keine Fische im Wasser. Aber wir haben frische Luft geschnappt und die schöne Landschaft genossen.»

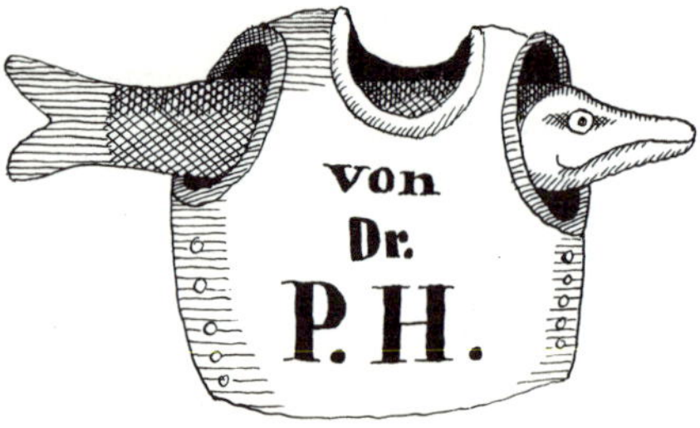

Drama

Die Poeten Dr. Peter Hacks und Gotthold Gloger lungerten in Thüringen vor dem Wallgraben eines verfallenen Schlosses und angelten, erschöpft vom Antiquitätenanschaffen, mit lebendem Köderfisch auf Hechte. Da ein Biß. Anhieb. Schließlich saß die Schnur fest. Mit einem langen Feuerlöschhaken, der nahe an einem alten Schuppen hing, versuchten beide mit vereinter Kraft, die Angel freizubekommen. Sie zogen, zogen und rissen schließlich zu ihrem Erstaunen einen mit Morast bedeckten alten Ritterpanzer aus dem Graben. Die Schnur führte durch den Armausschnitt ins Innere des Panzers, und dort hockte denn der Hecht. «Den Hecht kannst du alleine haben», sagte Peter Hacks, «aber den Panzer brauche ich. Gepanzert will ich Besuche machen und mich Freunden und Widersachern, hauptsächlich aber einer meiner Freundinnen zeigen.» – «Wie wir auch teilen», sagte Gotthold Gloger gedankenvoll, «es wird ein neues Drama geben.»

Unfall

Johannes R. Becher und Alexander Abusch drillten von einem hohen, ungünstigen Platz aus einen starken Hecht. In dem Augenblick, als der Hecht sich losriß und nach oben schoß, verlor Alexander Abusch seine Brille. Drei Wochen darauf gab ihm Johannes R. Becher ein kleines Paket, es enthielt die verlorene, allerdings etwas beschädigte Brille. Der fünfzehnpfündige Hecht war von Johannes R. Becher gefangen worden, der die verbogene Brille zwischen den Kiemen des Fisches eingeklemmt gefunden hatte.

«Jetzt kannst du immerhin wieder sehen», sagte er. «Dem Hecht hat, wie sich zeigt, deine Optik nichts genutzt.»

Freunde

Helmut Sakowski lud Heiner Müller zum Angeln ein. Müller erschien ausnahmsweise auch pünktlich an Ort und Stelle ohne Angelgerät und ließ sich neben dem angelnden Sakowski nieder. «Du hättest mich schon längst einladen sollen», sprach er vergnügt und machte sich über Sakowskis Proviant und Schnapsflasche her, verschlang alles Eßbare und trank die Flasche bis auf den letzten Tropfen leer. «Lieber Freund», brummte Sakowski, «solche Einladungen würden mich, wie ich merke, auf die Dauer ganz schön teuer zu stehen kommen.» – «Also meinetwegen», erwiderte Heiner Müller, «du darfst ab sofort ‹teurer Freund› zu mir sagen . . .»

Guter Rat

Eberhard Panitz und Joachim Knappe angelten einen ganzen Tag lang intensiv an einem See bei Kolberg, nahe von Berlin. Knappe zerrte, vom erst neidischen, dann schadenfrohen Panitz assistiert, einen Rohrstuhl aus dem Wasser, aber auch Panitz widerfuhr zweifelhaftes Petriheil; nach verzweifeltem Drill gelang es ihm, eine alte Sprungfedermatratze zu bergen. «In Witzblättern habe ich immer nur gesehen, daß man alte Schuhe angelt», sagte Knappe ärgerlich.

Panitz war optimistischer. «Wenn wir weitermachen, haben wir bald eine komplette Wohnungseinrichtung beisammen, und die Idee, wie man preiswert dazu kommt, verkaufen wir an die Redaktion der Zeitschrift ‹Guter Rat›.»

Merke

Einen neuen Ausdauerweltrekord im Eisangeln stellte ein Team von 25 finnischen Fischern 1978 auf. Sie angelten 210 Stunden ohne Pause an einem Eisloch auf dem Hameenlina See. Ausbeute: 70 Fischlein, die insgesamt 25 kg auf die Waage brachten. Merke abermals: Quantität schafft nicht immer Qualität.

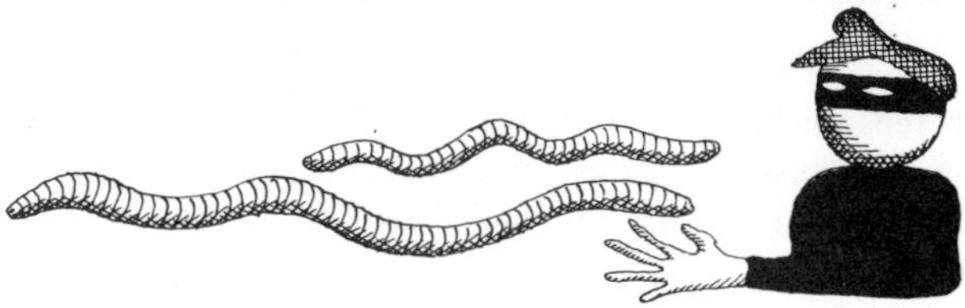

Der schöde Mammon

Weder auf kostbaren Schmuck noch auf Geld oder Schätze hatten es im Frühjahr 1978 Diebe in der westjapanischen Stadt Daito abgesehen. Sie stahlen ganz gewöhnliche Regenwürmer, 200 000 Stück, die 40 000 Mark wert sind. Die Tiere werden auf der Farm von Daito in Millionenzahlen unter anderem als Fischköder aufgezogen.

Und wenn die Diebe nicht gestorben sind und nicht gefaßt wurden, freuen sie sich längst, wieviel Geld an Anglern zu verdienen ist . . .

Fortuna

Automatenrestaurant. Herr Grünlich baut schon das 17. Fischbrötchen auf seinen Teller. Und schickt sich an, weitere Fischbrötchen aus dem Automaten zu ziehen.

«Sind Sie noch zu retten», sagt ein vorbeikommender Tellerräumer, «die essen Sie niemals. Hören Sie endlich auf mit dem Unfug!»

«Haha von wegen», lacht der Mann. «Aufhören, wo ich gerade 'ne Glückssträhne habe!»

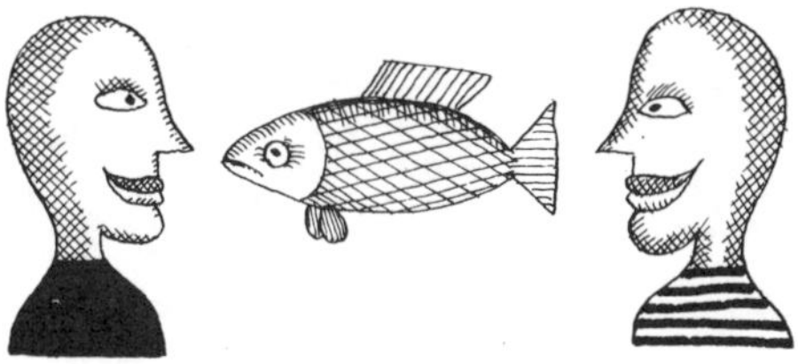

Karpfen auf Rostocker Art

1 kleine Sellerieknolle, 1 große Mohrrübe, 1 Lorbeerblatt, 5 Pimentkörner, Salz, 200 g Champignons oder andere feste Pilze, ½l Rotwein, 1 Karpfen von etwa 1500 g, 4 mittelgroße Zwiebeln, 60 bis 80g Butter oder feine Margarine, 40 g Mehl, 1 Eßl. Weinbrand, 1 Prise Zucker.

Sellerie und Mohrrübe putzen, in dünne Streifen schneiden, mit dem

Jemand läßt sich gebackenen Karpfen bringen, gibt ihn nach näherer Besichtigung zurück und wählt Forelle blau. Nachdem er diese gegessen hat, erhebt er sich und will gehen.
«Hehe», ruft der Ober, «Sie haben die Forelle noch nicht bezahlt!»
«Dafür hab' ich den Karpfen zurückgegeben.»
«Den haben Sie ja auch nicht bezahlt.»
«Den hab' ich ja auch nicht gegessen!»

Ein Mann sitzt in einer Wirtschaft und zerlegt genußvoll einen gebackenen Karpfen. Der Saft spritzt einer Dame am Tisch ins Gesicht. Statt einer Entschuldigung sagt der Mann heiter:
«Das ist ein Fisch, was?»

Lorbeerblatt, den Pimentkörnern, etwas Salz und den geputzten, in Scheiben geschnittenen Pilzen in wenig Wasser etwa 10 Minuten dünsten. Den Rotwein zufügen, alles aufkochen lassen, den gesäuberten, in Portionsstücke zerteilten Karpfen und die geviertelten Zwiebeln zufügen und etwa 15 Minuten garen. Dann die Fischstücke vorsichtig herausheben. Aus Butter und Mehl eine helle Schwitze bereiten, mit der durchgeseihten Fischbrühe auffüllen und durchkochen lassen. Die Soße vom Herd nehmen, mit Weinbrand, Salz und Zucker abschmekken, die Karpfenstücke, die Pilze und das Gemüse einlegen und sofort servieren. – Dazu schmecken Kartoffelbrei und Blattsalat.

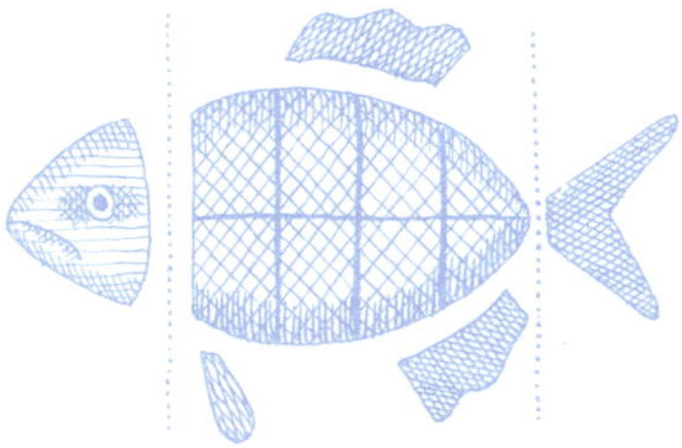

Karpfen auf Sauerkohl

500 bis 750 g Sauerkohl, 1 Mohrrübe, 1 Lorbeerblatt, 5 Wacholderbeeren, 65 g Speck, 1 Karpfen (etwa 1000 g), 1 Zitrone, Salz, 2 Suppengrün, 5 Pfefferkörner, 1 große Zwiebel, ½ Teel. Thymian, 20 g Margarine, 1 Glas Weißwein, 2 Eigelb.

Den Sauerkohl mit kaltem Wasser überspülen (er soll nicht zu sauer sein!), in einer Kasserolle mit wenig Wasser ansetzen, die in Scheiben geschnittene Mohrrübe, das Lorbeerblatt, die Wacholderbeeren zufügen und zum Kochen bringen. Den Speck klein würfeln und ausbraten, zu dem Sauerkohl geben und diesen etwa 30 Minuten dünsten. Inzwischen den Karpfen ausnehmen, unter fließendem kalten Wasser abspülen und in 3 bis 4 cm dicke Scheiben schneiden. Die Karpfenscheiben mit Zitronensaft beträufeln, leicht salzen und beiseite stellen. Das geputzte, zerkleinerte Suppengrün mit den Pfefferkörnern, der geviertelten Zwiebel und dem Thymian in ½ Liter Salzwasser weich kochen und das Gemüse mit der Brühe durch ein Sieb streichen. Einen Schmortopf mit der Margarine ausstreichen, den Fisch einlegen, den Gemüsesud zugießen, alles mit Butterbrotpapier bedecken und auf kleiner Flamme garen. Die Karpfenscheiben vorsichtig herausheben, auf dem gedünsteten Sauerkohl anrichten und mit Soße begießen, die aus dem mit Weißwein aufgefüllten Fischsud (aufkochen lassen!) und dem untergezogenen Eigelb besteht. – Dazu Salzkartoffeln und Kompott reichen.

Karpfen auf polnische Art

1 Karpfen von 1000 bis 1200 g, Marinade aus 4 Eßl. Essig, 1 Zwiebel, Salz und Pfeffer, 2 mittelgroße Mohrrüben, 1 Petersilienwurzel, 1 dicke Scheibe Sellerie, Schale von ½ Zitrone, Lorbeerblatt, 5 Pfefferkörner, 2 Nelken, ½ l dunkles Bier, 50 g Lebkuchen, 50 g Rosinen, 30 g süße Mandeln, 1 Glas Rotwein.

Den ausgenommenen, vorsichtig abgespülten Karpfen in Portionsstücke zerschneiden, diese mit Marinade – aus 4 Eßl. Essig, Zwiebelscheiben, Salz, Pfeffer und ½ Liter Wasser bereitet – begießen und wenigstens 40 Minuten ziehen lassen. Inzwischen das zerkleinerte Gemüse mit den Gewürzen in reichlich ½ Liter Salzwasser etwa 35 Minuten kochen und die Brühe durchseihen. Dann das Bier, den geriebenen Lebkuchen, die Rosinen und gehackten Mandeln in das Gemüsewasser geben und alles einige Minuten kochen lassen. Die Karpfenstücke einlegen und auf kleiner Flamme etwa 15 Minuten gar ziehen lassen. Dann vorsichtig in eine vorgewärmte Schüssel heben, in die Soße den Rotwein gießen, nochmals erhitzen (aber nicht kochen lassen), abschmecken, nach Belieben mit etwas Stärkemehl andicken und über den Karpfen gießen. – Salzkartoffeln oder trockenen Reis und einen frischen Salat dazu servieren.

Karpfen auf ungarische Art

1 Karpfen von etwa 1000 g, 2 Bund Suppengrün, 1 mittelgroße Zwiebel, 40 g Butter, Salz, Pfeffer, ¼ l Weißwein.

Den Karpfen ausnehmen und filetieren. (Aus dem Kopf, den Flossen, Gräten und der Haut kann man mit Fischgewürzen eine Brühe kochen, die durchgesiebt, mit Mehlschwitze aufgekocht und mit Eigelb, Sahne und Zitronensaft vervollkommnet, eine großartige Vorsuppe ergibt.)
Das zerkleinerte Suppengrün und die klein gewürfelte Zwiebel in der Butter fast gar dünsten, salzen, pfeffern. Die Karpfenfilets einlegen, den Wein darübergießen und bei starker Flamme so lange dünsten, bis der Fond eingedickt und der Fisch gar ist. – Mit Toast oder Pommes frites und einem frischen Salat servieren.

Zwei Männer im Zug zwischen Berlin und Erfurt. Der eine öffnet zuzeiten das Fenster und verspritzt aus einem Fläschchen einige Tropfen. Sagt der andere: «Erlauben Sie, was sind das für Tropfen?»
«Das sind Tropfen gegen weiße Wale. Die hindern sie daran, auf den Bahndamm zu kommen und dadurch womöglich einen Unfall zu verursachen.»
«Aber zwischen Berlin und Erfurt gibt's doch keine weißen Wale!»
«Sehen Sie, wie die Tropfen wirken!»

Karpfenpfanne

1 Karpfen von 1200 bis 1500 g, ½ Zitrone, Salz, Edelsüßpaprika, Mehl, 50 g Butter oder feine Margarine, 750 g dünne rohe Kartoffelscheiben, 1 Zwiebel, 4 Paprikafrüchte, 4 Tomaten, ¼l saure Sahne.

Den ausgenommenen, kalt abgespülten Karpfen längs teilen, mit Zitronensaft beträufeln, salzen, mit Paprika bestreuen und in Mehl wenden. Eine Gänsebratpfanne mit 20 g Butter ausstreichen, die leicht gesalzenen Kartoffelscheiben einlegen und den Karpfen darüberlegen. Abwechselnd mit Zwiebelscheiben, Paprikastreifen und Tomatenscheiben bedecken, ein wenig Salz darüberstreuen, die restliche Butter in Flöckchen aufsetzen, die saure Sahne darübergießen und den Fisch in der vorgeheizten heißen Röhre etwa 40 Minuten garen. – Pommes frites, Reis oder Toast dazu reichen.

Karpfenauflauf mit Gemüse

1 Karpfen von etwa 1000 g, Zitronensaft, 500 g Champignons, 2 mittelgroße Zwiebeln, 50 g Margarine, 2 Tomaten, 2 Paprikafrüchte, Salz, Pfeffer, ¼l saure Sahne, 2 Eßl. geriebener Käse.

Den Karpfen filetieren, die Filets mit Zitronensaft beträufeln und beiseite stellen. Die geputzten Pilze in Scheiben und die Zwiebeln in feine Würfel schneiden. 30 g Margarine in einer Kasserolle bis zum Bräunen bringen, die Zwiebelwürfel hineingeben, glasig dünsten, die Pilzscheiben, die geviertelten Tomaten sowie die entkernten, in Streifen geschnittenen Paprikafrüchte zufügen, leicht salzen, pfeffern und 4 Minuten dünsten lassen. Inzwischen eine feuerfeste Form mit der restlichen Margarine ausstreichen, ein Drittel des angedünsteten Gemüses hineingeben, die leicht gesalzenen Karpfenstücke darauflegen, die saure Sahne darübergießen und alles mit dem restlichen Gemüse bedecken. In der vorgeheizten Röhre bei starker Hitze etwa 20 Minuten zugedeckt garen. Dann den Deckel abnehmen, den Käse über den Auflauf streuen und noch ungefähr 8 Minuten überbacken. – Toast, Pommes frites oder trockenen Reis dazu servieren.

Schleie mit Petersiliensoße

1000 g Schleie, ¼ l Essigwasser, 1 Suppengrün, 1 große Zwiebel, 1 Lorbeerblatt, Salz, 5 Pimentkörner, 6 Pfefferkörner, 40 g Butter, 1 Eßl. Mehl, 2 Eßl. Kaffeesahne, 1 Eigelb, 4 Eßl. gewiegte Petersilie.

Den Fisch ausnehmen, vorsichtig abspülen, in Portionsstücke zerschneiden, mit kochendem Essigwasser übergießen und etwa 10 Minuten ziehen lassen. Inzwischen das Suppengrün mit der zerkleinerten Zwiebel, dem Lorbeerblatt, etwas Salz, den Piment- und Pfefferkörnern in 1 Liter Wasser kochen. Die Fischstücke einlegen und etwa 10 Minuten bei kleiner Flamme garen. Während der Fisch gar zieht (nicht kocht!), die Butter zerlassen, das Mehl einrühren, mit 2 bis 3 Eßl. kaltem Wasser, dann mit Fischbrühe auffüllen und durchkochen lassen. (Wenn die Soße zu dick ist, noch etwas Fischbrühe zugießen.) Vom Feuer nehmen, die mit Eigelb verrührte Sahne und die Petersilie untermischen und die Soße über die abgetropften, auf einer Platte angerichteten Fischstücke gießen. – Reis oder Kartoffelbrei und Blattsalat dazu servieren.

Schleie in Rotweinsoße

1200 bis 1500 g Schleie, 1/4 l kräftiges Essigwasser, 1/4 l Rotwein, 2 Lorbeerblätter, 3 Zitronenscheiben, 6 Pfefferkörner, 50 g Butter oder feine Margarine, 2 Eßl. Mehl, 1 Tasse Würfel- oder Knochenbrühe, Pfeffer.

Den ausgenommenen Fisch unter fließendem kalten Wasser abspülen, in Portionsstücke zerteilen und leicht salzen. In eine Schüssel legen, mit Essigwasser und Wein übergießen, die Lorbeerblätter, Zitronenscheiben und Pfefferkörner zufügen und den Fisch zugedeckt 2 bis 3 Stunden ziehen lassen. Aus der Butter und aus dem Mehl eine dunkle Schwitze herstellen, mit der Fischmarinade und der Würfelbrühe auffüllen und 3 Minuten durchkochen lassen. Die Fischstücke hineingeben, bei kleiner Hitze etwa 10 Minuten garen, die Fischportionen vorsichtig in eine vorgewärmte Schüssel heben, die Soße mit Salz und Pfeffer abschmecken und durch ein Sieb über den Fisch gießen. – Salzkartoffeln oder trockenen Reis dazu reichen. Ein frischer Salat vervollkommnet das Gericht.

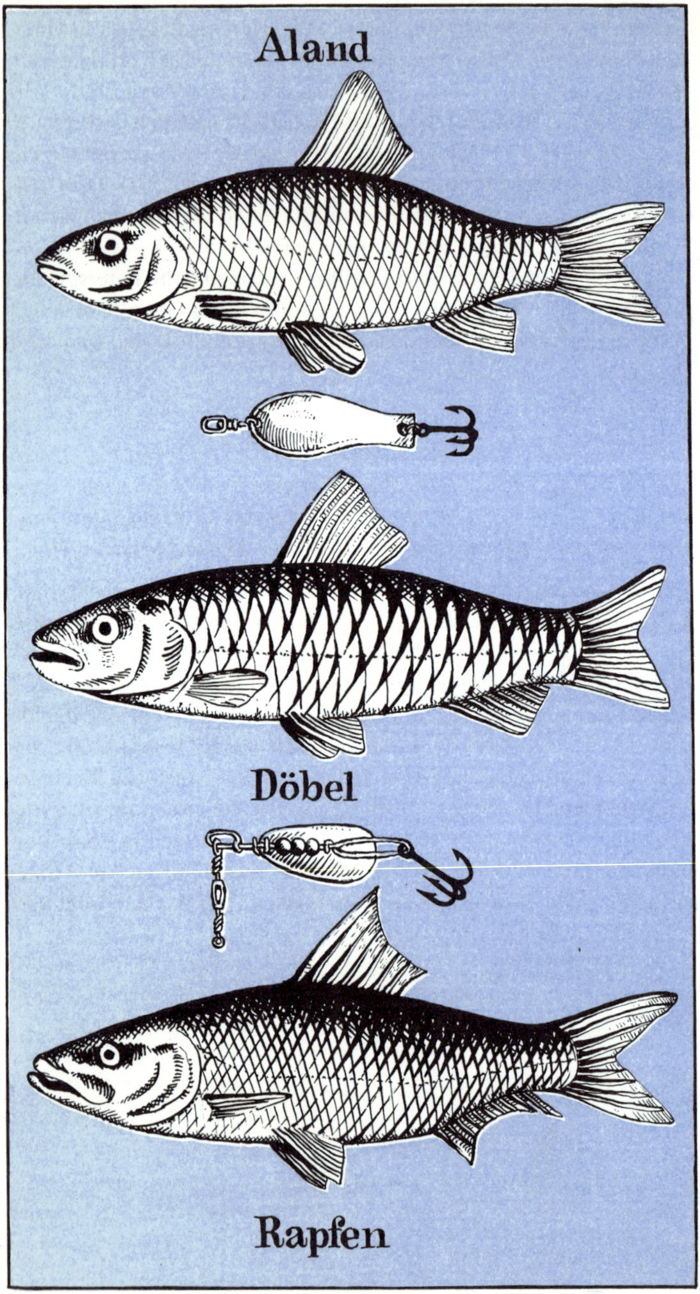
Aland
Döbel
Rapfen

Döbel, Aland, Rapfen

Für Angler und Liebhaber seltener Fische sind Döbel, Aland und Rapfen heute wichtig. Ihnen ist gemeinsam, daß sie in der historischen Angelliteratur zwar immer erwähnt, ihrer Gräten wegen doch nie geschätzt wurden.

Vom *Döbel,* der wissenschaftlich Leuciscus cephalus L. genannt wird, heißt es im alten Fischbüchlein von 1493, daß er ein Schnotfisch ist. Wörtlich: «Ein Schnotfisch ist ein bast hart (Bastard).» Noch 1836 wußte L. Oken von diesem Straßburger Scherzwort vom «Schnotfisch», bezeichnet ihn aber als «Hasel, wendisch Döbel; Dick-Kopp (Schweden); Stretta und Aletta (Italien); Golubel (Rußland) und Landhäselein (Schweiz).» Man findet ihn «in allen Flüssen von ganz Europa in ziemlicher Menge, aber wegen seines weichen und gräthigen Fleisches nur von armen Leuten gegessen.»

Izaak Walton berichtet, daß die Franzosen den Döbel ein «Scheusal», nennen, doch sei er «bei richtiger Zubereitung von wirklich gutem Geschmack». Zum Beweis dafür ließ er seinem Freund Venator im «Gasthaus zur Forelle», «wo Lavendelstöckchen an den Fenstern stehen und wo an den Wänden alte Balladen hängen», einen kapitalen Döbel herrichten. Das Rezept, nach welchem die ehrsame Wirtin den Fisch köstlich zubereitete, überliefert der Dichter in seinem «Vollkommenen Angler».

«Sehr wichtig ist», so vernehmen wir, «Döbel möglichst frisch zuzubereiten und unter keinen Umständen nach dem Säubern abzuwaschen, was erst dann geschehen darf, wenn man ihn unmittelbar darauf aufs Feuer gibt. Er wird nach dem Wässern nämlich sehr leicht matschig, wie es bekanntlich auch bei Kirschen der Fall ist. Um ihn ganz auf den Tisch zu bringen, wie wir es heute hatten, füllt man seine Bauchhöhle mit verschiedenen Küchenkräutern und schließt sie danach mit Holzspänchen. Man beträufelt dann den Fisch mit Fruchtsäure oder mit Essig und brät ihn in gesalzener Butter schön knusprig.»

Den *Aland* – Leuciscus idus L. –, von den Alten Mön, Mönne, Alet, Jesen, Göse, Furn und Capito genannt, besingt der Römer Ausonius in seinem Moselgedicht, Vers 85:

«Schuppenbedecket erglänzt im grasigen Sande der Aland,
Sonderlich zart von Fleisch, doch dicht mit Gräthen durchwachsen,
Länger auch nicht, als nur sechs Stunden,
der Tafel sich eignend.»

Über den *Rapfen*, Rappen, Schied oder Mulbe, wissenschaftlich Aspius aspius L. genannt, schreiben Fischereiautoritäten des 16. bis 19. Jahrhunderts, daß er «nicht selten mehrere Schuh lang und 10 bis 12 Pfund schwer» werde, in Seen und langsamen Flüssen zu finden sei und den «Übergang von den Grund- zu den Raubfischen» mache. Da er «schlau» sei, wird die sinnige Empfehlung gegeben, ihn in der «Laichzeit» und bei «trübem» Wasser zu angeln.

Wenig klare Flüsse und übertriebene Nachstellungen machten Aland, Döbel und Rapfen immer seltener. Ich habe selbst erlebt, daß Petrijünger an Forellengewässern gefangene kleine Döbel mit der wenig einleuchtenden Begründung wegwarfen, er habe hier nichts zu suchen. Durch Verwechslungen traf es auch immer den Aland mit. Selbst manches Fachbuch lehrte diese Auffassung, ohne gleichzeitig darauf aufmerksam zu machen, daß sich die fischereilichen Verhältnisse heutzutage geändert haben. Deshalb trifft hier den Angler die geringere Schuld.

Fische im Überfluß gibt es heute nicht mehr. Anglerische Selbstbeschränkung und Schonung des Schuppenwildes sind daher ebenso geboten, wie der Schutz des Lebensraumes der Fische und der Gewässer sowie die verstärkte naturnahe Aufzucht gefährdeter Arten. Verantwortungsbewußte Angler gehen diesen Weg. Sie sehen es nicht so sehr auf den fleischreichen Fisch ab, sondern ihre Passion zielt auf scheue

Ein ungeschickter Kellner schüttet heiße Fischsuppe auf die Glatze eines Gastes. Gelassen sagt der zu dem erschrockenen Kellner: «Glauben Sie, das hilft?»

Vor dem Fischgeschäft stehen viele Menschen an. Endlich ist der pensionierte Studienrat an der Reihe.
«Was bekommen Sie?» fragt die Verkäuferin.
«Nichts, meine Gute, ich wollte nur sagen, daß sich Döbel mit ‹b› schreibt.»

und heimlich lebende Fische sowie auf wehrhafte kapitale Jagdstücke wie Karpfen, Hechte, Zander, Barben, Aale, Forellen und Äschen.

Solche Gesellen sind auch Aland, Döbel und Rapfen. Scheu und verschlagen wie alle karpfenartigen Fische, gehen sie nur an den Haken, wenn Angelgeschirr und Köder auf's feinste hergerichtet sind, denn sie lassen sich kaum täuschen. Dies muß der Angler bei der Wahl seiner Geräte und Köder sowie bei der Angeltechnik und Taktik beachten. Er verwendet deshalb bei diesen Fischen nicht allzu starkes Angelgerät, berücksichtigt aber, daß der Rapfen, der auch gut an die Spinnangel geht und oft inmitten reißender Strömung steht, als Einzelgänger eine «Spezialbehandlung» braucht. Ihm mutet er eine 40er Schnur an relativ kräftiger Rute zu, während er Aland und Döbel schon mit 20er Schnur an sensiblerem Gerät überlisten kann

Erfahrene Angler werden stets feineres Gerät vorziehen, da es mehr Erfolg verspricht. Es birgt allerdings auch das Risiko in sich, daß die Beute im Drill verloren geht, d. h., sich entweder vom kleinen Haken befreit oder, was schlimmer ist, ihn samt Vorfach abreißt. Bei einschenkligen Haken ist das für den Fisch in der Regel ungefährlich. Äußerste Vorsicht ist hingegen mit Drillingshaken oder Spinnköder geboten, da der Fisch nach Abriß der Haken, die ihm unbarmherzig sein Maul zuschließen, zugrunde geht.

Ohne Risiko für den Fisch, bei gleichzeitig größter jagdlicher Befriedigung für den Petrijünger, ist das Angeln auf Aland, Döbel und Rapfen (!) mit der künstlichen Fliege. So erinnere ich mich an ein Erlebnis aus den 70er Jahren, wo ich im Thüringer Wald in der Schleuse bei Kloster Veßra einen kapitalen Döbel mit einer künstlichen Nymphe (Vorstadium eines flugfähigen Insekts) der Größe 14 angeln konnte. Als ich ihn sah, lauerte er dicht unter der Wasseroberfläche nach Insekten und sonnte sich dabei. Mehr kriechend als gehend, pirschte ich den Fisch an. Dennoch bemerkte er mich und ließ sich in die Tiefe des Wassers absinken. Da mich der große Fisch interessierte, wartete ich. Nach einer knappen Stunde (!) rückte mein Döbel vom Gewässergrund höher, doch war er immer noch mißtrauisch. Ich mußte vorsichtig sein.

Leicht flußaufwärts, nur knappe 5 m entfernt von mir, stand der Fisch inmitten des Stromes. Meine Nymphe «servierte» ich kniend mittels Rollwurf und gut eine Vorfachlänge (etwa 2,50 m) seitlich vom Fisch. Als sie den Döbel erreichte, streckte ich die Fliegengerte leicht, so daß die Imitation durch Bewegung Leben vortäuschte. Der Fisch sah die Nymphe als echt an und biß zu. Doch damit hatte ich die Beute noch nicht am Ufer. In wilder Talfahrt schoß der Döbel an der Angelleine flußabwärts. Nichts vermochte ihn zu stoppen, schon gar nicht mein schwaches 14er Vorfach. Als er anhielt, zitterten mir die Knie. Zwar verzichtete er auf weitere Fluchten, verhielt sich aber stur wie ein Brett. Nichts half. Der Döbel blieb, wo er stand, und gewaltsam flußaufwärts ziehen konnte ich ihn nicht wegen der Strömung. Mühsam mußte ich mich am verwachsenen Ufer flußabwärts hangeln und den Fisch mit dem Kescher (ich benutzte ihn damals noch an Forellengewässern) an Land bringen.

Er maß 56 cm und wog 2610 Gramm. Kleinere Exemplare bis 35 cm setze ich regelmäßig zurück. Diesen habe ich jedoch zu Hause nach einem alten Rapfenrezept von Oken zubereitet.

Es lautet: «Gebraten werden sie sehr gelobt; nachdem sie abgeschuppt und ausgenommen, soll man sie tüchtig salzen und reiben, 2 Stunden liegen lassen, und dann erst braten; sie werden auch mit ihrem Rogen oder Milch und Leber nebst Eydotter, Rosinen, Pfeffer und Nägelein (Nelken – der Verf.) gefüllt.»

Hungern und spielen

von
Norbert Kaiser

Hunger war eine gute Disziplin, bekennt Hemingway in seinem ersten nachgelassenen Buch. Und man bekommt, behaglich in warmer Stube sitzend und eine dienstbereite Küche überm Flur, ein unbestimmtes Mitgefühl mit diesem jungen Amerikaner, der da mit leerem Magen und schmalblassen Wangen durch den Louvre schleicht, Farben und Formen alter und jüngerer Meister mit den Augen verschlingend, der dann in einem Café am Place St. Michel den Bleistift mit seinem Bleistiftanspitzer anspitzt und eine Story über seine Burschenzeit in Michigan schreibt, während das Mädchen an einem Tisch dicht am Fenster auf jemanden wartet; dann geht es, das Mädchen, von dem jungen

Amerikaner unbemerkt, der während seiner Arbeit einen Café au lait und zwei Rum St. James getrunken und einen dritten nicht bestellt hatte, weil er ihn über hatte, und inzwischen war die Story fertig.

Jetzt könnte ich aufstehen, denke ich, übern Flur in die Küche gehen, den Kühlschrank öffnen, den Bitterwermut herausnehmen und einen Bitterwermut trinken. Weil mir danach ist.

Aber ich stehe nicht auf und hole den Bitterwermut nicht; ich frage Martina:

Willst du nicht etwas trinken?

Ich hole uns den Wermut gleich, sagt sie. Wenn du einen Schach mit mir spielst.

Gut, sage ich, aber erst möchte ich einen Schluck trinken, und, einem unerwarteten und unerklärlichen Antrieb gehorchend, füge ich betont nach:

Ich werde erst etwas vorlesen.

Und ich hole Nerudas Oden vom Schreibtisch und warte, bis Martina mit dem Bitterwermut kommt. Gieß noch nicht ein, sage ich, fast gebietend. Und dann lese ich, so gut ich kann, ihr und mir die *Seeaalsuppe* vor:

Im sturmdurchwühlten
Meer
von Chile
lebt der rosenfarbene
Seeaal,
der Aalgigant
mit schneeigem Fleisch.
Und in den chilenischen
Kochtöpfen
an der Küste
kam zur Welt die reiche,
kräftige, köstliche
Suppe.
Man bringt den enthäuteten Aal
in die Küche,
seine fleckige Haut läßt sich
abziehen wie ein Handschuh,
und da liegt er nun,
nackt,
dieses Traubengebild des Meeres,
schon schimmert

der zarte
in seiner Blöße,
bereit für unsre Begier.
Nun
nimm
den Knoblauch,
streichle zuerst einmal
dieses köstliche
Elfenbein,
rieche
seinen aufreizenden Duft,
und dann
gibst du den Knoblauch,
feingehackt,
mit der Zwiebel
und der Tomate hinein,
bis die dünstende Zwiebel
goldfarben wird.
Unterdes
kochen
die Meereskrebse,
die königlichen,
im Dampf,
und wenn sie gerade
gar sind
und das Arom
in die Brühe einkocht,
die aus des Weltmeeres
Saft besteht
und dem klaren Wasser,
das das Licht der Zwiebel ausschied,
dann
muß der Seeaal hinein
und rühmlich darin untergehen,
auf daß er im Sudtopf
sich schließe und voll sich sauge
mit Duft und Öl.
Jetzt ist nur noch vonnöten,
wie eine geschlossene Rose
die Sahne gleiten zu lassen
in das Gericht

und auf langsamem
Feuer
zu brodeln den Schatz,
bis in der Brühe
erwärmt sind
Chiles Essenzen
und auf den Tisch
gelangen, jung vermählt,
der Wohlgeschmack
des Meeres und der Erde,
auf daß du kennenlernst
den ganzen Himmel bei diesem Gericht.

Weißt du, sagt Martina nach einer Weile, Hungern ist wie eine Erinnerung.

Dann stellen wir die Steine auf das Brett, Martina die weißen und ich die schwarzen, und Martina zieht, wie immer, wenn sie Weiß hat, den Königsbauern ein Feld vor.

Und alles ist gut.

Anmerkung: Der von Neruda beschriebene Seeaal ist eine kleine Haifischart, dessen Fleisch vor dem Kochen besonders zubereitet wird; er hat nichts mit dem selten gesichteten Flußaal unserer Breiten gemein.

Das erste Fischrezept

von
Norbert Kaiser

Hilf, oh Herr, er will mich fressen! hatte ich als Kind hin und wieder ausgerufen und mit gewichtiger Miene: Tobias sechs Vers drei hinzugeraunt, wenn mir mindestens zwei aus dem Kreis meiner Spielfreunde zuhörten. Das hatte stets Eindruck gemacht, und ich galt als bibelfest.

Wann und wo und von wem ich das Sprüchlein aufgeschnappt hatte, das ich mit der Zeit zu einem Ritual stilisierte, kann ich nicht sagen. Wahrscheinlich von unserem Geschichtslehrer, einem hager-verschlossenen Mann, der im Dorf nur der Heimkehrer hieß. Manchmal aber brach der Heimkehrer seinen Unterricht mitten im Satz ab, stemmte sich rittlings auf das Katheder, umfaßte mit der linken Hand

«Alfons, iß doch mit. Die Fischpastetchen schmecken wirklich wundervoll. Woher stammt das Rezept?»
«Aus einem Kriminalroman.»

«Das soll Fischsalat sein, da ist ja kein Stückchen Fisch drin!»
«Im Hundekuchen sind schließlich auch keine Hunde.»

Altes Volkslied, renoviert:
«Aal, meine Gedanken, die ich hab', die sind bei dir.»

den Stummel seines rechten Oberarms und begann zu erzählen mit leiser, fesselnder Stimme.

Wahrscheinlich hatte ich also jene Worte von ihm gehört und sie mir, dank meiner Vorliebe für Nebenbeibemerkungen, unauslöschlich eingeprägt. Sie verdichteten sich durch öfteren Gebrauch zu einer inhaltslosen Formel, die ich auch später bei verschiedener Gelegenheit aus Gewohnheit vor mich hin sprach. Beim Schuheputzen etwa. Oder im Fahrstuhl. Oder bei einem Wasserrohrbruch.

Bis ich Jahre danach die Quelle des Zitats durch Zufall aufsuchte.

Dort schreit Tobias tatsächlich in höchster Not, als er zum Fluß Tigris hinabgegangen war, seine Füße zu baden: Oh Herr, er will mich fressen! Denn siehe, ein großer Fisch fuhr aus dem Wasser heraus, im Begriff, den Jüngling zu verschlingen. Nachzulesen ist das Geschichtchen in den Apokryphen der Übertragung Luthers. Wie gesagt: Kapitel sechs, Vers zwei und drei.

Jüngere Ausgaben der Schrift vermerken allerdings, daß nur des Tobias' Füße vom gefräßigen Fischmaul bedroht waren, was auch glaubhafter für einen Flußfisch erscheint.

Gleichwohl, wie so oft, wechselten im Fortgang der Handlung die Beteiligten die Rollen.

Tobias zerrt mit enormen Kräften, einem höheren Geheiß Folge leistend, das Schuppentier an den Floßfedern aufs Trockene, wirft Gedärm desselben nebst Schwimmblase zu den Abfällen, bevor er Herz, Leber und Galle zum Zwecke späterer Arzneibereitung sorgfältig verwahrt. Nun brät er, weiterhin dem klugen Rat folgend, etliche Stücke des kalten weißen Fleisches zum sofortigen Verzehr und salzt schließlich den Rest gehörig ein, um ihn als transportfähigen Zubiß seinem Reiseproviant zuzuschlagen.

Denn Tobias ist zu Fuß auf dem Wege durch Medien.

Nachzutragen wäre, was an anderer Stelle des Alten Kanons zu finden ist: Laut Gesetz dürfen nur Fische, denen nachweislich Flossen und Schuppen gewachsen sind, verspeist werden; Aal also zum Beispiel nicht.

Und als Beigabe empfehlen die Verfasser, Überlieferer, Umformer, Raffer und Abschreiber, Honig zu reichen.

Nehmen wir einmal an, der von mir zitierte Fall wurde einst aufgezeichnet und höchsten Ortes kanonisiert, um ein Zeichen zu setzen; und nehmen wir zusätzlich an, daß jenes höhere Geheiß, sprich Engel, nur hinzugezogen wurde, um den Mut zur Eigeninitiative zu beför-

dern, dann ist davon auch noch in unseren Tagen für schwierige Situationen eine Maxime abzuleiten. Etwa so: Wer auf Gott vertraut und Fische klaut, der hat ne billje Suppe. Doch wer das Scriptum an beschriebener Stelle wörtlich nehmen möchte, dem bietet sich ein Kochrezept biblischen Alters an: Grillen Sie Ihren nächsten Fisch im Freien. Petri Dank.

Ungarische Fischersuppe (halàszle)

Etwa 2000 g Fisch, 3 bis 4 mittelgroße Zwiebeln, Salz, 1 Teel. scharfer und 1 Eßl. Rosen- oder Edelsüßpaprika.

Den Boden des Topfes mit einem Teil der gesäuberten Fische bedekken (die kleinen bleiben ganz, Karpfen oder Aal, Zander oder Hecht werden in nicht zu große Stücke zerteilt). Darauf Zwiebelscheiben legen und mit etwas Salz und scharfem Paprika bestreuen. Das alles wird wiederholt, bis die Zutaten aufgebraucht sind. Zuletzt kommt so viel Wasser dazu, daß Fisch und Zwiebeln bedeckt sind. Wenn die Suppe kocht, den Edelsüßpaprika darüberstreuen und ungefähr 30 bis 40 Minuten köcheln lassen.

Bouillabaise

Diese Suppe, die zum Besten gehört, was wahre Kochkunst zu bieten hat, stammt von den Fischern im Süden Frankreichs und ist (abgewandelt je nach vorhandenen Fischarten) zum Bestandteil anerkannt guter internationaler Küche geworden. Dem Originalrezept entsprechend, braucht man 5 bis 6 Fischsorten dazu; aber die Suppe ist auch dann noch vorzüglich, wenn sie mit weniger hergestellt wird. Die im Rezept angegebenen Fischarten können außerdem durch andere ersetzt werden.

Je 250 g Barsch und Kabeljau, 500 g Zander oder Hecht, 500 g Makrelen, 500 g Karpfen oder Forellen, Salz, 3 Eßl. Öl, 2 Zwiebeln, 250 g Tomaten, 1 Teel. Thymian, 1 zerkleinertes Lorbeerblatt, 2 Stangen Porree, 1 Stengel Selleriekraut, 1 getrocknete Apfelsinenschale, 1 Prise Pfeffer, 4 mittelgroße Kartoffeln, 1 Mohrrübe, 4 Pfefferkörner, 1/4 l trockener Weißwein, 3 Eßl. gewiegte Petersilie.

Den Fisch filetieren, Köpfe, Haut und Gräten in 1 Liter Salzwasser 10 Minuten kochen, die Brühe durchseihen und beiseite stellen. In einer großen Kasserolle das Öl erhitzen, die in Scheiben geschnittenen Zwiebeln glasig dünsten, die enthäuteten, entkernten Tomaten, Fischbrühe, Thymian, Lorbeerblatt, das Weiße vom Porree, Selleriestengel (beides kleingehackt), Apfelsinenschale, Salz, Pfeffer, Kartoffel- und Mohrrübenwürfel sowie Pfefferkörner dazugeben, alles aufkochen lassen. Dann den in 2 bis 3 cm dicke Stücke geschnittenen Fisch (außer Karpfen oder Forelle) in die Kasserolle geben und etwa 8 Minuten kochen lassen. (So viel heißes Wasser zufügen, daß der Fisch bedeckt ist.) Dann die anderen Fischstücke sowie den Weißwein zufügen und wieder 8 Minuten kochen lassen. Das Gericht mit der Petersilie bestreut in einer vorgewärmten großen Terrine auf den Tisch bringen. – Man serviert frisches Weißbrot oder Toast und einen leichten Rotwein dazu.

Fischeintopf

Etwa 1000 g verschiedenes Gemüse (Mohrrüben, Sellerie, Porree, grüne Bohnen, Erbsen, Kohlrabi, Weißkohl – man braucht nicht alle Sorten), 1 Zwiebel, 4 bis 5 Kartoffeln, 3 Eßl. Öl, Salz, Pfeffer, 1 Lorbeerblatt, 1 Brühwürfel, 500 bis 600 g Fischfilet, Zitronensaft, 20 g Butter oder Margarine, je 1 Prise Zucker und Glutamat, 4 Eßl. Weißwein, gewiegte Küchenkräuter.

Das geputzte, zerkleinerte Gemüse, die fein gewürfelte Zwiebel sowie rohe Kartoffelstückchen in Öl anschwitzen, dabei ständig umrühren. Wenn alles angeschwitzt ist, mit Salz und Pfeffer würzen, etwa 1 Liter kochendes Wasser dazugießen, Lorbeerblatt und Brühwürfel dazugeben und fast gar kochen. Inzwischen das mit Zitronensaft beträufelte Fischfilet würfeln, in der heißen Butter oder Margarine einige Minuten dünsten. Kurz vor dem Garwerden des Gemüses den Fisch zufügen und alles noch einige Minuten leicht kochen lassen. Den Eintopf mit Glutamat, Zucker, Salz und Weißwein abschmecken. Vom Feuer nehmen und die frischen Küchenkräuter untermischen.

Ein Angler fällt in den See, er schreit um Hilfe. «Sind Sie reingefallen?» erkundigt sich ein Vorbeikommender. «Ach was, wohnen tu' ich hier.»

«Weeste, ick möcht' wieder eenmal so recht fein im ‹Gastmahl des Meeres› speisen.»
«Haste denn schon mal im ‹Gastmahl des Meeres› jespeist?»
«Nee, aber ick hab' schon mal jemöcht.»

«Darf ich Ihnen noch etwas Fisch nachservieren?»
«Ja bitte, noch ein kleines Stückchen, genau so eins, wie ich schon bekommen habe.»

Moskauer Fischsoljanka

1000 g Fisch (Zander, Hecht oder einen ähnlich festen Fisch), Salz, 1 großes Lorbeerblatt, 5 Wacholderbeeren, 5 Pfefferkörner, 2 Zwiebeln, 4 Eßl. Öl, 3 bis 4 Eßl. Mehl, 400 bis 500 g feste Pilze, 2 mittelgroße Salzgurken, 750 g Weißkohl, 1 Brühwürfel, Pfeffer, 1 Eßl. Tomatenmark, dicke saure Sahne oder Joghurt.

Den Fisch reinigen und filetieren. Den Kopf, die Gräten, Haut und Flossen in reichlich 1 Liter Salzwasser mit dem Lorbeerblatt, den Wacholderbeeren und Pfefferkörnern etwa 20 bis 30 Minuten kochen. Die Fischbrühe durchseihen und beiseite stellen. Inzwischen die Zwiebeln in dünne Scheiben schneiden und im erhitzten Öl glasig dünsten. Dann das Mehl zufügen, glattrühren und allmählich die Fischbrühe zugießen. Nach dem Aufkochen die gesäuberten, in Scheiben geschnittenen Pilze, die klein gewürfelten Gurken und den geputzten, in dünne Streifen geschnittenen Kohl zugeben. Die Suppe mit Pfeffer und Tomatenmark würzen, den Brühwürfel hineingeben und etwa 10 Minuten kochen lassen. Dann den zerkleinerten Fisch zufügen und weitere 5 Minuten leicht kochen lassen. Vor dem Auftragen muß die Soljanka einige Minuten ziehen. – Die Sahne oder der Joghurt wird extra dazu gereicht; jeder nimmt sich nach Belieben davon in die Suppe.

Fischsuppe à la Kuba

750 g filetierter Fisch (auch Filets aus der Tiefkühltruhe), Salz, Zitronensaft, je 50 g Mohrrüben, Sellerie und Porree, 1 Zwiebel, 1 Lorbeerblatt, 5 Pfefferkörner, 30 g Butter oder Margarine, 1 bis 2 Eßl. Mehl, je 1 Tasse grüne Erbsen und Mohrrübenwürfel, 2 Tassen gewürfelte Kartoffeln, Glutamat, Pfeffer, 1 bis 2 Tassen Milch.

Die Fischfilets kurz unter fließendem Wasser abspülen, vorsichtig trocknen, leicht salzen und mit Zitronensaft beträufeln. Beiseite stellen. Die grob zerkleinerte Mohrrübe mit dem zerkleinerten Sellerie und Porree, der geviertelten Zwiebel, dem Lorbeerblatt und den Pfefferkörnern in etwa 1 Liter Salzwasser gar kochen. Die Brühe durch ein Sieb gießen, das Gemüse mit durchdrücken. Den zerkleinerten Fisch zufügen, diesen weich kochen und alles wieder durch ein Sieb streichen. Nun aus Butter und Mehl eine helle Schwitze bereiten, die Fisch-Gemüse-Brühe allmählich zufügen und glattrühren. Nach dem Aufkochen Erbsen, Mohrrüben- und Kartoffelwürfel zufügen, mit Glutamat, Salz und Pfeffer abschmecken und die Suppe auf kleiner Flamme kochen lassen, bis das Gemüse fast weich ist. Dann die Milch zufügen und weitere 3 bis 5 Minuten leicht kochen lassen. – Mit Toast und Nachtisch serviert, ergibt diese Suppe eine vollwertige, sättigende Mahlzeit.

Wenn selbstgeangelte Fische dazu verwendet werden, dann die Gräten, Haut und Köpfe mit dem Gemüse für die Brühe mitkochen.

Pichelsteiner Fischtopf

1000 g ganze Fische oder 600 bis 700 g Fischfilet, 1 Eßl. Essig, Salz, 500 g Kartoffeln, je 200 g Weißkohl, Mohrrüben und Kohlrüben, 3 mittelgroße Zwiebeln, 15 g Margarine, ½ l Würfelbrühe, 20 g Butter, 4 Eßl. gewiegte frische Küchenkräuter.

Den Fisch filetieren, mit kaltem Wasser abspülen und in Würfel schneiden. Die Fischwürfel in eine Schüssel geben, leicht salzen, mit Essig beträufeln und zugedeckt etwa 1 Stunde stehen lassen. Inzwischen die Kartoffeln schälen und würfeln, den gesäuberten Weißkohl in feine Streifen, die geputzten Mohr- und Kohlrüben in kleine Würfel schneiden und die Zwiebel sehr fein hacken. Den Boden einer Kasserolle, die einen festschließenden Deckel hat, mit der Margarine ausstreichen, die Kartoffeln, das Gemüse und die Zwiebeln hineingeben, die kochende Brühe zugießen und zugedeckt ungefähr 20 Minuten dünsten lassen. Dann die marinierten Fischwürfel zugeben (nicht mehr umrühren!), Butterflöckchen aufsetzen und den Fischtopf für 15 bis 20 Minuten in die vorgeheizte heiße Röhre stellen, bis der Fisch gar ist. Vor dem Auftragen die Kräuter untermischen und nach Belieben mit geriebenem Käse bestreuen.

Kräuterfischsuppe

1000 g ganze Fische oder 500 bis 600 g Fischfilet, ½ Zitrone, Salz, 2 Eßl. Öl oder 20 g Margarine, 2 bis 3 Eßl. Mehl, ¼ Teel. Fischgewürz, 1 Brühwürfel, 1 Prise Zucker, 1 Ei, 2 Eßl. Kaffeesahne, 2 Tassen gewiegte frische Kräuter.

Den filetierten Fisch mit Zitronensaft beträufeln, leicht salzen und wenigstens 10 Minuten stehen lassen. Inzwischen aus Öl oder Margarine und Mehl eine helle Schwitze herstellen, mit etwa 1 Liter Wasser auffüllen und glattrühren. Den zerkleinerten Fisch, das Fischgewürz und den Brühwürfel zufügen, alles etwa 10 Minuten leicht kochen lassen, mit Salz und Zucker abschmecken und das in Kaffeesahne verquirlte Ei sowie die Kräuter unterrühren. (Danach nicht mehr aufkochen lassen!) – Kräftiges Brot und Obst vervollkommnen die Mahlzeit, die sich leicht auch im Freien auf offenem Feuer zubereiten läßt.

Pilzfischsuppe

Etwa 1000 g Fisch (alle Sorten), Salz, 1 Eßl. Zitronensaft, 500 bis 600 g Pilze, 30 g Margarine, 1 Zwiebel, 1 bis 2 Eßl. Mehl, 1 l Würfelbrühe, 1 Teel. Tomatenmark, Glutamat, Zucker, 3 Eßl. gewiegte Petersilie.

Den Fisch filetieren, zerkleinern, leicht salzen und mit Zitronensaft beträufeln. Beiseite stellen. Die geputzten, zerkleinerten Pilze mit der Margarine in einer Kasserolle braten. Wenn sie fast weich sind, die fein gewürfelte Zwiebel zufügen und glasig dünsten lassen. Das Mehl darüberstäuben, alles glattrühren und allmählich die Würfelbrühe zufügen. Nach dem Aufkochen den Fisch hineingeben, die Suppe noch einige Minuten kochen lassen, mit Salz, Tomatenmark, Glutamat und Zucker abschmecken. Erst zuletzt, wenn die Suppe vom Feuer genommen ist, die gewiegte Petersilie untermischen. – Dazu kräftiges Brot und frischen Salat servieren.

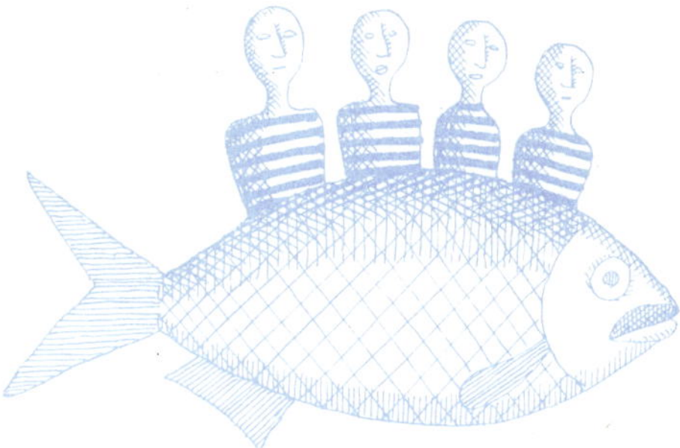

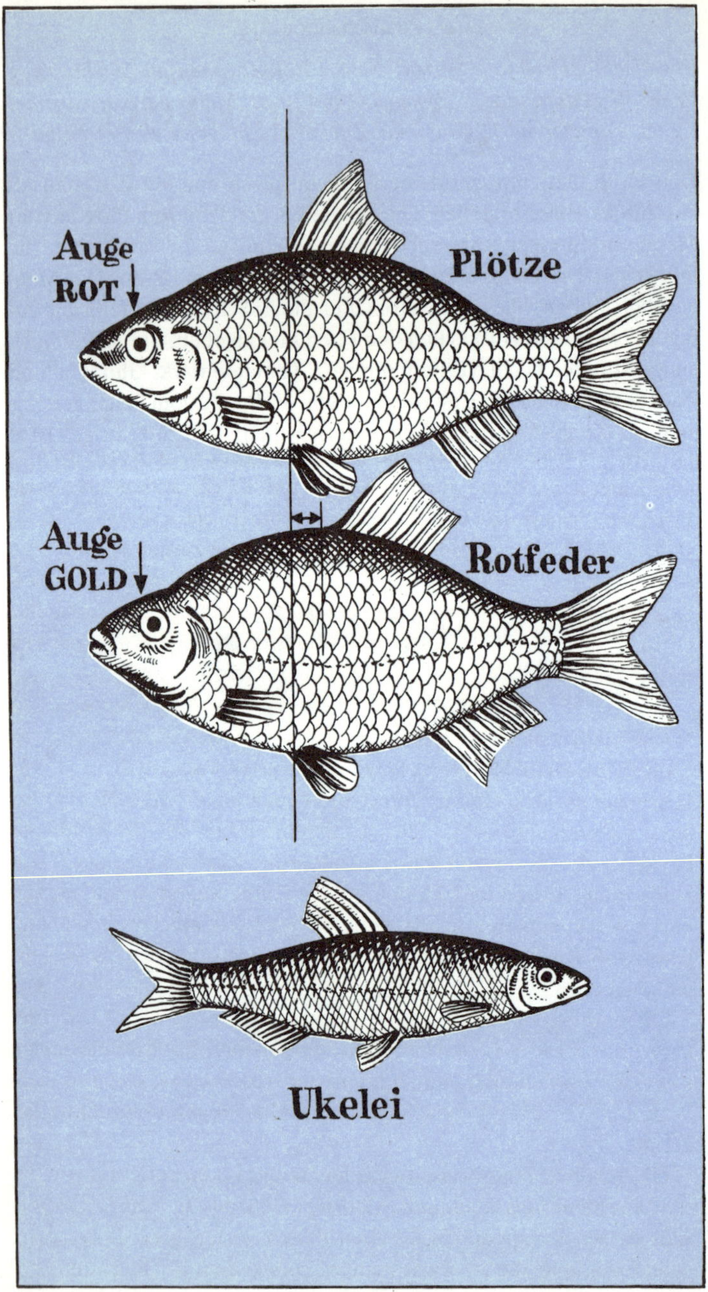
Auge
ROT
Plötze
Auge
GOLD
Rotfeder
Ukelei

Plötze, Rotfeder, Ukelei

Verse und Lieder der Römer Ovid, Plinius und auch Ausonius überlieferten, daß die großen Gastmähler Roms stets mit Edelfischen geziert waren.

Störe «ließ man mit Blumen geschmückt durch bekränzte Diener unter Musikschall auf die prächtigsten Tafeln tragen», Thune auf Münzen prägen. «Er war ein Bild der ehelichen Treue und durfte daher bey keiner Hochzeit fehlen», berichtet Oken.

Plötze, Rotfeder und Ukelei gelangten nie zu solchen Ehren, weil sie offensichtlich als zu klein und grätenreich galten. Zu Recht dachten aber damals wie heute manche Angler und Köche anders über diese Fischlein. Fritiert man beispielsweise die Plötze schön goldgelb, so wie sie ist, also mit Haut und Gräten, und reicht sie zusammen mit Viez (Apfelwein), so wird man sich einen Begriff davon machen, warum dieses Fischchen noch heute an der Mosel als kulinarische Spezialität gilt und in zahlreichen Gaststätten als «Moselfisch» die Gaumen erfreut.

Nachdenklich macht die Bezeichnung des Kleinsten dieser Fische, des *Ukeleis,* im Heidelberger (1493) und Erfurter Fischbüchlein (1498). Hier heißt es: «Ein mulling (Ellritze) ist ein Kremer, ein blieckt (Ukelei) des Kremers Knecht.» Dies deutet darauf hin, daß der gesellig lebende Ukelei, in alter Literatur auch Bliethe, Maybleke, Alfen, Zwiebelfischlein, Laube und Marienfisch genannt, wegen seines massenhaften Vorkommens und lebhaften Verhaltens der kleineren schlauen Ellritze als Knecht, nämlich an ihrer Stelle als Köderfisch für Angeln, dienen mußte.

Diese traurige Pflicht hat der Ukelei, der bis zu 15 cm groß werden kann und ein zartes Leben hat, noch heute an mancher Raubfischangel zu erfüllen; «weil er ständig hin und her schießt», wie der alte Izaak Walton 1653 richtig beobachtete und ihn deswegen «Flußschwalbe» nannte.

Der Jenenser Naturwissenschaftler Lorenz Oken berichtet von diesem Fischlein, das lateinisch Alburnus alburnus L. heißt, daß man «aus dessen Schuppen die falschen Perlen verfertiget». Diese originelle Erfindung, die aus Paris stamme, sei seit dem 17. Jahrhundert so vervollkommnet, «daß man sie in der Entfernung von den ächten Perlen nicht unterscheiden kann; seitdem ist auch der Preis der ächten Perlen um Vieles gesunken. Es beschäftigen sich nun viele Arbeiter damit».

Derart interessante Dinge wissen Bücher über *Rotfeder* – Scardinius erythrophthalmus L. – und *Plötze* – Rutilus rutilus L. – nicht zu berichten. Dafür werden diese Fische wegen ihrer Ähnlichkeit auch heutzutage noch immer wieder verwechselt.

Mit Schuld an diesem Verwechslungsspiel trug das unkritische Übernehmen aus alter Literatur. So sprechen Conrad Geßner und Lorenz Oken vom «Rothauge als Rotten und Rotteln» und sagen, «unser Rotten heißt in Meißen Rothfeder, weger der rothen Brust-, Bauch- und Schwanzflossen, bey Rostock Rothauge (und) im Comersee Piota, welcher Name wahrscheinlich mit Plötze einerley ist.» Nach dieser Gleichmacherei beschreibt Oken vieles, was Plötze und Rotfeder auseinanderhält.

Was Verwirrung stiftet, ist, daß er die beiden Fische mit ihrem wissenschaftlichen Namen richtig nennt, ihre Gebrauchsnamen jedoch vertauscht. So nennt er die Plötze Gelbauge und die Rotfeder Rotauge.

Charakteristisch für die Rotfeder ist, daß deren Seiten goldfarben, der Bauch weiß und die Augen gelbglänzend sind.

Bei der Plötze hingegen sind die Seiten silberfarben und ihr Augenkreis rot, weswegen sie von vielen auch Rotauge genannt wird.

Rotfeder und Plötze kommen in fast allen stehenden und langsam fließenden Gewässern vor. Sie leben gesellig, bevorzugen sandigen Grund und reiche Ufervegetation und können bis 45 cm groß werden. Da die beiden stets bei gutem Appetit sind, können sie das ganze Jahr über, selbst bei klirrendem Frost, mit nahezu allen pflanzlichen Ködern an feiner Floßangel gefangen werden. Als beste Lockspeise fand ich stets Hanfsamen und Weizen, den ich mit heißem Wasser in einer Thermosflasche ansetzte und über Nacht quellen ließ. Probieren sollte der Petrijünger auch, was Baron von Ehrenkreutz schon 1845 in seiner «Angelfischerei» mitteilt: «Wenn der Fisch sich an der Oberfläche sonnt, geht er auf die Fliege, und die Engländer machen viel Wesens von dem Fange der Rothaugen . . .».

Blaine, ein berühmter englischer Fliegenfischer und Schriftsteller aus dem vorigen Jahrhundert, schreibt: «Kein anderer Fisch übt den Angler in so mannigfacher Weise; selbst die Aesche, deren Fang ebenfalls sehr viele Abwechselung darbietet, steht ihm darin nach, und deshalb muß das Rothauge stets für einen der vorzüglichsten Angelfische gelten.»

Hinzuzufügen wäre noch, daß – solange es Fische und Angler gibt – dies auch für die schöne Rotfeder und den kleinen Ukel(ei) gelten muß.

Unerhörter Choral

von
Norbert Kaiser

Mein Freund K. ißt keinen Fisch, war als Knabe musikalisch, wird von mehreren Ehefrauen anderer Männer noch immer heimlich geliebt, die sich einst Hoffnungen auf ihn gemacht hatten, vergeblich zwar, wie man weiß. Mein Freund K. also ißt keinen Fisch, und er heizt selten seinen Ofen, obwohl er gastfreundlich wie ein Ungar ist, wenn er Kaffee aufbrüht. Diesen seltenen Freund versuchte ich kürzlich zu einem Gespräch über Morgensternsche Reimlogik zu verleiten. Doch wie gesagt: Er war einmal musikalisch gewesen. So mußte mein Unterfangen, wie üblich, bei seinen amüsanten Schnurren enden, noch bevor ich meine Sentenzen ausspielen konnte.

Wohl denn, ich schritt nächtens vor sein Haus und sang für mich Morgensternsche Verse, bis mir die Kehle krachte.

Das alles erzähle ich nur, um Sie einzustimmen auf ein Gedicht, das seit Jahrzehnten von honorigen Germanisten schnöde ignoriert wird. Und welches doch ungezählte heimliche und unheimliche Verehrer kennt, beiderlei Geschlechts. Ich meine *Fisches Nachtgesang*.

Jenes einmalige Werk vollendeter Verskunst, das der kenntnisreiche Dr. phil. Jeremias Mueller mit Einverständnis seiner gelehrten Gattin Gundula Mueller als «das tiefste deutsche Gedicht» auf den höchsten Thron hob. Da thront es nun und thront, von anderen nicht erreichbar.

Der Dichter selbst hinterließ in einem Brief der Nachwelt einen höchst aufschlußreichen Hinweis: Fische sind «stumm», man kann also auch ihren «Gesang» nicht anders als durch stumme Zeichen ausdrücken.

Den Ignoranten zum Trotz bat ich die Herausgeberin, dem Meisterwerk eine halbe Scite weißen Papiers zu schenken, da ihm in Anthologien deutscher Sprache bisher hartnäckigst der Platz verwehrt wurde.

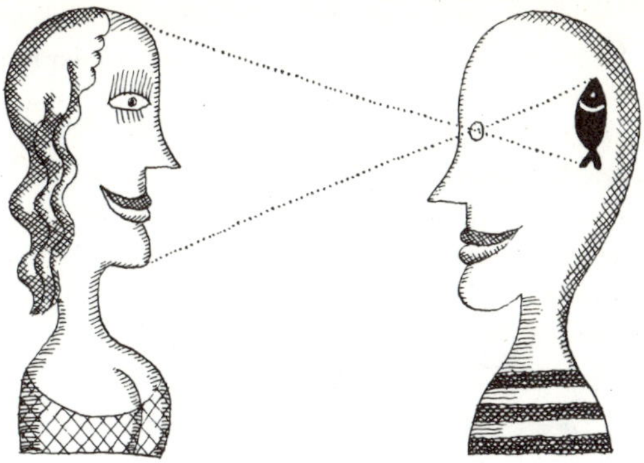

Fischklößchen

1500 g verschiedene Fische, 2 Teel. Salz, ½ Teel. Pfeffer, 3 Zwiebeln, 2 Eier, 1 Prise Zucker, 2 Eßl. geriebene Semmel, ½ Teel. Glutamat, 2 Mohrrüben.

Die Fische säubern, entgräten und enthäuten. Gräten, Köpfe, Haut, die Hälfte von Salz und Pfeffer, 2 geviertelte Zwiebeln in ½ Liter Wasser kräftig kochen. Inzwischen das Fischfleisch mit 1 Zwiebel durch den Wolf drehen, mit 4 Eßlöffel Wasser, Eiern, Zucker, geriebener Semmel und Glutamat sowie dem restlichen Salz und Pfeffer gründlich vermengen. Mit angefeuchteten Händen Klößchen aus der Masse formen. Die Fischbrühe durchsieben, wieder zum Kochen bringen, die in Scheiben geschnittenen Mohrrüben und vorsichtig die Fischklößchen hineingeben. Den Topf so bedecken, daß der Dampf etwas entweichen kann. Alles etwa 60 Minuten kochen, während der letzten 30 Minuten den Deckel abnehmen, damit die Brühe etwas einkocht. Die Klößchen auf eine große Platte geben, die durchgesiebte Brühe darübergießen und mit Mohrrübenscheiben umlegen. – Risotto und ein frischer Salat passen dazu.

Garnierte Fische

4 Fische von je etwa 250 g, 1 Zitrone, Salz, 50 g Butter oder Margarine, 1 Suppengrün, 1 große Zwiebel, 1 Nelke, 5 Pfefferkörner, 1 Gläschen Weinbrand, 250 g gedünstete Champignons, 4 gedünstete Tomaten, ½ Teel. Stärkemehl.

Die Fische ausnehmen, gründlich säubern, mit Zitronensaft beträufeln, außen und innen salzen. In einem größeren Gefäß die Butter zer-

«Halt, Sie!» ruft eine Aufsichtsperson einem Angler hinterher, der sich anschickt wegzurennen, «Sie haben wohl keine Anglerkarte?»
«Deswegen renn' ich ja weg», ruft der Flüchtende.

«Sie sind einfach nervös», konstatiert der Arzt, «haben Sie denn so viele Aufregungen?»
«Ich glaube, daß es vom Angeln ist, das ist so aufregend für mich.»
«Aber im Gegenteil», erwiderte der Arzt, «Angeln ist doch sehr beruhigend.»
«Aber nicht, wenn man keine Anglerkarte hat.»

lassen, das zerkleinerte Suppengrün und die gewürfelte Zwiebel andünsten, 1 Tasse heißes Wasser zugießen, die Nelke und Pfefferkörner zufügen, alles aufkochen lassen und die Fische vorsichtig in den Sud legen. Den Weinbrand darüber träufeln und alles auf kleiner Flamme garen. Dann die Fische vorsichtig auf eine vorgewärmte Platte heben, mit den Pilzen und halbierten Tomaten garnieren. Den Fischsud durch ein Sieb streichen, wieder zum Kochen bringen und mit dem kalt angerührten Stärkemehl zu einer sämigen Soße andicken. – Dazu schmekken Nudeln, Salzkartoffeln oder körnig gekochter Reis.

Fischauflauf

1000 bis 1200 g kleine Fische, Essig, 1 Suppengrün, 1 Lorbeerblatt, Gewürzkörner, 5 Pfefferkörner, Salz, 250 g Spaghetti, 40 g Margarine, 2 Eier, 125 g geriebener Käse, 20 g Butter.

Die Fische ausnehmen, säubern, mit heißem Essigwasser übergießen und etwa 10 Minuten stehen lassen. Das zerkleinerte Suppengrün mit dem Lorbeerblatt, den Gewürz- und Pfefferkörnern in Salzwasser 10 Minuten kochen, die Fische einlegen und in etwa 5 bis 8 Minuten garen. Inzwischen die Spaghetti in reichlich Salzwasser nicht zu weich kochen, abgießen und abschrecken. Die Margarine mit den Eiern schaumig schlagen, mit den Spaghetti und der Hälfte des Käses vermischen. Eine Auflaufform mit Butter ausfetten, abwechselnd Spaghetti und die entgräteten, enthäuteten Fische einlegen, den restlichen geriebenen Käse darüberstreuen und Butterflöckchen aufsetzen. In der vorgeheizten Röhre bei starker Hitze knapp 15 Minuten backen. – Einen frischen Salat und nach Belieben Ketchup oder eine andere Würzsoße dazu reichen.

Garniertes Fischomelett

400 g Fischfilet, Zitronensaft, Salz, Pfeffer, 20 g Butter, 1 Eßl. Mayonnaise, 150 g Mehl, ⅛ l Milch, 4 Eier, 2 Eßlöffel gewiegte Kräuter, Margarine zum Backen, 4 Tomaten, 8 Scheiben grüne Gurke, Edelsüßpaprika.

Das Fischfilet kalt abspülen, abtrocknen, mit Zitronensaft beträufeln, salzen und pfeffern. Die Butter zerlassen, den Fisch in etwa 10 Minuten zugedeckt dünsten, dann erkalten lassen. Nun mit einer Gabel gut zerpflücken und mit Mayonnaise vermischen. Das Mehl durchsieben, nach und nach die Milch und die Eier unterrühren, etwas Salz zufügen und alles zu einem zähflüssigen Teig glattrühren. Den zerkleinerten

Fisch und die Kräuter untermischen und aus dem Teig Eierkuchen backen. Dabei immer erst die Pfanne erhitzen, ehe die Margarine darin zerlassen und Teig hineingegeben wird. Wenn die Unterseite leicht gebräunt ist, das Omelett vorsichtig wenden und kurz die andere Seite anbräunen. Damit das erste Omelett nicht kalt wird, ehe das letzte gebacken ist, jeweils zusammengerollt auf einer Servierplatte in die warme (nicht heiße!) Röhre stellen. Alles mit Tomatenvierteln und Gurkenscheiben garnieren, diese leicht salzen und mit Paprika bestreuen. – Nach Belieben vorher eine Gemüsesuppe servieren.

Fisch für ein Gabelfrühstück

800 g Fischfilet, 1 Zitrone, Salz, Pfeffer, 1 Eßl. geriebener Meerrettich, 1 Eßl. Ketchup, 1 Eßl. Mayonnaise, Butter oder Margarine, 2 bis 3 Zwiebeln, 2 Gewürzgurken, 2 Eßl. gewiegte Kräuter.

Die Fischfilets kalt abspülen, abtrocknen, mit Zitronensaft beträufeln, leicht salzen und pfeffern. Meerrettich mit Ketchup und Mayonnaise verrühren, auf die Fischfilets streichen. Diese in eine ausgefettete feuerfeste Form schichten, Zwiebel- und Gurkenscheiben darüber verteilen, Butterflöckchen aufsetzen und in der vorgeheizten Röhre bei Mittelhitze 15 bis 20 Minuten garen. Mit Kräutern bestreuen und Toast dazu reichen.

Fischfrikassee

800 g Fischfilet, Salz, Pfeffer, Zitronensaft, 60 g Margarine, 1½ bis 2 Eßl. Mehl, ¼ l Würfelbrühe, ¼ l Milch, 1 Eßl. Kapern, 2 Eigelb, 2 Eßl. Kaffeesahne, Zucker.

Die kalt abgespülten Fischfilets salzen, pfeffern, mit Zitronensaft beträufeln und wenigstens 30 Minuten marinieren lassen. Inzwischen aus der Margarine und dem Mehl eine helle Schwitze herstellen, mit der kalten Brühe auffüllen, durchkochen lassen, die Milch nach und nach zugießen, mit Salz abschmecken, die Kapern und den in größere Stücke zerteilten Fisch zugeben. Alles 10 bis 15 Minuten ziehen lassen, zuletzt die mit der Sahne verrührten Eigelb vorsichtig untermischen. Danach nicht mehr aufkochen lassen! Mit Salz, Zitronensaft und Zukker abschmecken. – Salzkartoffeln oder körnigen Reis sowie gedünstete Erbsen oder Blumenkohl dazu servieren. Nach Belieben geriebenen Käse reichen, er verfeinert das Gericht.

Bratfisch mit buntem Salat

8 kleine Fische (grüner Hering, auch Plötze, Rotfeder usw.), Essigwasser, Salz, Pfeffer, Mehl, 2 Eier, 100 g geriebene Semmel, Öl. Für den Salat: 600 g Pellkartoffeln, 4 Tomaten, 1 kleine grüne Gurke, 1 Bund Radieschen, 1 Salatkopf, 2 Bund Schnittlauch, Salz, Pfeffer, 2 Eßl. Zitronensaft, 3 Eßl. Öl, 1 Prise Zucker.

Die Fische ausnehmen, gründlich unter fließendem Wasser waschen, 3 bis 5 Minuten in Essigwasser legen und abtrocknen. Die Fische innen und außen mit etwas Salz und Pfeffer einreiben, von allen Seiten in Mehl wälzen, danach in die verquirlten Eier stippen und mit der geriebenen Semmel panieren. Mindestens ½ Stunde kalt stellen.

Inzwischen den Salat herstellen. Dazu die Kartoffeln pellen und würfeln, die Tomaten und Gurke ebenfalls würfeln, die Radieschen in Scheiben, die Salatblätter in Streifen schneiden. Alles mit zerkleinertem Schnittlauch, etwas Salz und Pfeffer, dem Zitronensaft, Öl und Zucker gut vermischen und auf einer großen Platte anrichten. Die Fische in heißem Öl goldgelb braten und sofort servieren.

Eingelegter Bratfisch

12 bis 15 kleine Fische (grüner Hering, Plötze, Rotfeder usw.), Essigwasser, Salz, Pfeffer, Mehl, 3 Eier, geriebene Semmel, Öl. Für die Marinade: ¼l Essig, 6 Zwiebeln, 1 Lorbeerblatt, 8 Pfefferkörner, 1 Eßl. Senfkörner, 6 Pimentkörner, ½ Teel. Salz.

Die Fische ausnehmen, waschen, 2 bis 3 Minuten in Essigwasser legen, abtrocknen, mit Salz und Pfeffer einreiben, in Mehl, dann in den verquirlten Eiern und zuletzt in geriebener Semmel wälzen. Nacheinander in heißem Öl goldbraun braten. Wenn nötig, nach jedem Bratvorgang noch etwas Öl in die Pfanne geben; dieses aber immer erst heiß werden lassen, ehe die nächsten Fische eingelegt werden. Die Fische vorsichtig (sie sollen ganz bleiben) in einen Steinguttopf oder eine tiefe Schüssel legen.

Für die Marinade den Essig mit ¾ Liter Wasser vermischen, die in Scheiben geschnittenen Zwiebeln, das Lorbeerblatt, die Pfeffer-, Senf- und Pimentkörner sowie das Salz zufügen und 5 Minuten kochen lassen. Heiß über die Bratfische gießen und diese zugedeckt wenigstens 2 Tage im Kühlen stehen lassen. – Mit einer Vorsuppe, Bratkartoffeln und frischem Salat ergeben sie ein großartiges Mittagessen. Anstelle von kleinen Fischen kann auch in Streifen geschnittenes Fischfilet verwendet werden.

Blei

Der Blei

Im Volksmund hat der Blei allerlei Namen, so Brassen, Brachsen, Breitling, Parismännchen, Platteisell u.a. Wissenschaftlich wird er Abramis brama L. genannt.

1836 beschreibt Lorenz Oken in seiner Naturgeschichte «vier Sippen, elf Geschlechter und 31 Arten» von Brassen. Die Durchsicht dieser Fischbeschreibungen und ihr stetiger Vergleich mit «unseren Angelbrassen» ist ebenso mühevoll wie interessant, verleitet aber zu unangebrachten Spekulationen, zumal Oken als 23. Art der (4.) Sippe «Aechte Karpfen» den «Brachsen oder Bleih» nennt, den uns bekannten Begriff Brassen jedoch nicht verwendet. Wie dem auch sei, schön lassen sich die Stellen aus der Okenschen «Brassen-Classifikation» lesen, wo er von «allerley Sonderbarkeiten berichtet, die sich die Alten erzählen».

So begründet der Römer Oppian, der von den größeren Geißbrassen spricht, «sie hätten eine besondere Liebe zu den Geißen (und daher kommt der Name), kämen, wenn sie dieselben mäckern und die Hirten singen hörten, truppweise herbey, sprängen lustig an den Strand, schmeichelten und leckten das Hornvieh, und jammerten gleichsam, wenn die Ziegen zum Stall getrieben würden; die Hirten steckten sich auch in Geißfelle und machten am Ufer allerley Sätze, um die bethörten Brassen zu fangen».

Nach dieser Schilderung wird der Leser mit Sicherheit doppelt auf jene Angler achten, die am Ufer auffällige Sprünge vollführen. «Brassenfänger» wird es ihm beim Anblick von Leuten durch den Kopf schießen, die beim Angeln nervös sind, nur weil sie vielleicht gerade einen Biß verpaßt oder im Drill einen Fisch verloren haben. Dabei soll Angeln so ungemein beruhigen. Der herbeigerufene Fischereiaufseher, vertraut mit dem Anglerlatein, wird die vertrackte Lage klären. Wie? Ganz einfach! Bereits an den ausgelegten Angelruten und nach einem Überprüfen der Köder erkennt er, ob unser Petrijünger weidgerecht angelt und welchen Fischen er nachstellt.

Bleie sind vorwiegend Grundfische, welche die Tiefe der Flüsse und Seen bevölkern und gesellig leben, nach Alter und Größe getrennt. Da sie recht scheu sind, muß der Angler stets vorsichtig zu Werke gehen.

Als Gerät wählt man eine kräftige, nicht zu kurze Angelrute, eine einfache Rolle, versehen mit 25er Schnur, sowie Haken der Größe 12 bis 8.

Als Köder kommen Teig, Hülsenfrüchte, Mais, Kartoffeln, Nudeln sowie Maden und Würmchen in Betracht. Um Erfolg zu haben, sollte der Petrijünger vor und während des Angelns kräftig durch Futter locken.

Letztlich sei erwähnt, daß alte wie neue Angelbücher darauf aufmerksam machen, wie räuberisch Bleie zuweilen leben. Insofern können kleine Blinker, Spinner oder Mini-Wobbler zu überraschenden Erfolgen führen, weil sich der Fisch blindlings ihrer bemächtigt. Als besonderer Glücksfall kann es dabei auch vorkommen, daß statt des Bleis ein Hecht oder gar Zander am Angelhaken hängt.

Was den Blei als Speisefisch betrifft, so lassen wir nochmals den englischen Schriftsteller Izaak Walton zu Wort kommen. Er bemerkte 1653: «Gessner behauptet, daß der Geschmack feinster Bleie mehr wohlschmeckend als bekömmlich sei. Besonders die Franzosen wissen diesen Fisch gut herzurichten: Wer Bleie im Teich hat, kann seinen Freunden ein gutes Willkommen bereiten.»

Anglerlatein

von

Renate Holland-Moritz

Das Schönste an unserem Ferienheim war seine breite Terrasse, von der man über ein paar Meter Wiese direkt an den See gelangen konnte. Eigentlich handelte es sich gar nicht um ein richtiges Ferienheim, sondern um ein Landhaus mit etlichen Fremdenzimmern, und es gehörte auch keiner staatlichen Institution, sondern dem Ehepaar Zeising.

Herr Zeising war ein gütiger Patriarch, der für das Wohl seiner Gäste Barrikaden bestiegen hätte, Frau Zeising konnte phantastisch kochen, und zwei leicht verwelkte Zeising-Nichten hielten das Haus sauber. Diesem Familienbetrieb hatten sich im Laufe der Jahre auch die Sommergäste angepaßt. Fluktuation und damit verbundener Wechsel entstand höchstens durch Todesfall. Im übrigen kam, wer einmal gekommen war, immer wieder. Und wer es sich leisten konnte, blieb während der ganzen schönen Jahreszeit.

Zu diesen Glücklichen zählten der Schriftsteller Rudolf Mummel und der vorzeitig pensionierte Bibliotheksrat Kurt Bergmann. Die beiden hatten vielerlei Gemeinsamkeiten. Zum Beispiel höchst attraktive, wenn auch nicht mehr ganz junge Gattinnen. Frau Mummel, eine grazile Blondine, war ihrem Mann nicht nur liebevolle Gefährtin, sondern auch unentbehrliche Mitarbeiterin. Allein ihrer Tüchtigkeit verdankte er ausreichend Zeit für sein Hobby, das Angeln.

Eben dies war – so schien es uns anderen – der einzige Lebensinhalt des Bibliotheksrates Kurt Bergmann. Während seine Gattin, eine beinahe exotische Schönheit, mit uns das Frühstück einnahm, hatte er sich längst mit all seinen Angelgerätschaften im Ruderboot davongemacht. Den ganzen Tag verbrachte sie ohne ihn auf der Terrasse oder im Liegestuhl auf der Wiese, doch immer verstrahlte sie Ausgeglichenheit und gute Laune. Wenn Herr Bergmann abends heimkehrte, freute sie sich wie eine junge Braut. Im Gegensatz zu Herrn Mummel kam der Bibliotheksrat allerdings auch nie mit leerem Kescher. Wenn er auch nicht immer so edlen Fang wie Aal oder Hecht vorzuweisen hatte, waren es doch wenigstens ein paar Plötzen oder Rotfedern, die er der Terrassengemeinde zum Braten über dem offenen Feuer zur Verfügung stellte. Frau Bergmann versäumte in solchen Augenblikken nie, ein Loblied auf einen gewissen Dr. Lotze anzustimmen. Bei ihm war ihr Mann vor Jahren wegen Schlaflosigkeit und Depressionen in Behandlung gewesen, und Dr. Lotze, der offenbar auf natürliche Heilweise schwor, hatte von Medikamenten abgeraten und die Anschaffung eines Hobbys empfohlen. Da er selbst fanatischer Angler war, gab er gleich entsprechende Ratschläge. Und seither, sagte Frau Bergmann glücklich, habe sie wieder den besten Mann der Welt.

Rudolf Mummel jedenfalls fühlte sich durch das permanente Jagdglück des anderen manchmal irritiert. Immer wieder versuchte er, Herrn Bergmann in Fachgespräche zu verwickeln, doch es gelang ihm eigentlich nie. Der erfolgreiche Petri-Jünger erklärte nachdrücklich, daß er bei aller ihm sonst eigenen Großzügigkeit zwei Dinge nicht preiszugeben gedenke, nämlich den Standort seiner Fischgründe und die Arten des Köders. Herr Mummel machte zwar brummige Bemerkungen über solcherart Geheimniskrämerei, akzeptierte aber die kleinen Allüren des sonst so sympathischen Herrn Bergmann. Auch die anderen Gäste, zwei ältere Ehepaare und eine alleinstehende Lehrerin, empfanden die Zurückhaltung des Bibliotheksrats nicht als befremdlich, zumal sie seit Jahren daran gewöhnt waren.

Ich muß zugeben, daß allein in mir eine unheilvolle Neugier zu nagen begann. Warum, fragte ich mich, wollte der vom Glück verfolgte Amateurangler Bergmann seinem Hobbykollegen Mummel nicht mit ein paar Tips unter die Arme greifen? Schnöder Eigennutz konnte nicht das Motiv sein, denn die Bergmannschen Fänge wurden seit eh und je der Allgemeinheit, das heißt unserer kleinen Gemeinschaft, zur Verfügung gestellt. Wie oft hatte Frau Zeising Gelegenheit, ihre Talente als Fischköchin zu beweisen! Und nicht selten kamen wir in die beneidenswerte Lage, Aale in der eigens dafür von Herrn Zeising gebauten Tonne zu räuchern. Ob es an der friedvollen Eintönigkeit des Urlaubs lag oder an einem mir angeborenen Drang, Undurchschaubares zu ergründen und Gerechtigkeit um jeden Preis herzustellen, jedenfalls beschloß ich, Herrn Bergmann auf seiner morgendlichen Ruderpartie zu folgen. Natürlich in gebührendem Abstand, also ohne von ihm bemerkt zu werden. Sodann wollte ich mir die Stelle, an der er mit seinen Angeln vor Anker ging, fest einprägen, um sie dem Langschläfer Rudolf Mummel genau beschreiben zu können.

An einem herrgottfrühen Sonntagmorgen, als alle Bewohner unseres Ferienheimes noch in tiefem Schlummer lagen, schlich ich wie ein lichtscheues Element an den Bootssteg. Herr Bergmann war schon weit weggerudert, aber nicht auf die Mitte des Sees, sondern mehr am Rand desselben, etwa drei Meter vom Schilf entfernt. Ich manövrierte mein Boot noch dichter an die schützenden Wassergewächse, so daß er mich mit einiger Sicherheit nicht auszumachen vermochte. Plötzlich sah ich das weit vor mir rudernde Boot im Schilf verschwinden. Ich wunderte mich, daß in Ufernähe so gut Fischen sein sollte, da ich aber von der Materie weniger als nichts verstand, wollte ich mich der Stelle genauestens versichern. Ich ruderte fast ohne Aufschlag, doch die Vorsicht erwies sich als überflüssig, denn nirgends war jener zu entdecken, von dem ich nicht entdeckt werden wollte: Herr Bergmann. Wie vom Erdboden verschwunden, dachte ich unsinnigerweise. Das Schilf, in dem ich ihn hatte verschwinden sehen, war zu Ende, und ein langer und stabiler Steg ragte in den See. An seinem Ende schaukelten zwei Ruderboote, eines davon besonders stark.

Natürlich wollte ich im gleichen Augenblick umkehren, so heftig packte mich die Scham über meine kindische Verfolgungsjagd. Aber ich saß wie versteinert in meinem schwankenden Kahn, der wie ein Gong an den Bootssteg schlug. Dem Überraschungseffekt der Szene, die sich vor meinen Augen abspielte, war mein Reaktionsvermögen nicht gewachsen. Herr Bergmann stand mit weit ausgebreiteten Armen am Ufer. Aus einem kleinen Bungalow stürmten zwei vor Freude schreiende weibliche Wesen auf das wie zur Kreuzigung bereite Monument zu. Doch der Akt war alles andere als sakral, denn Herr Bergmann riß die jubelnden Mädchen an sich, schwenkte sie wie ein Karussell durch die Lüfte und landete schließlich mit beiden im taufeuchten Gras.

«Papi, Papi», schrie das kleinere Geschöpf, «was hast du mir heute mitgebracht?»

«Aber Stefanie», mahnte das größere, «laß doch den Papi erst mal zu Atem kommen!»

Herr Bergmann hob fröhlich-dozierend den Zeigefinger. «Wie ist die hochheilige Reihenfolge, du egoistischer Klein-Mensch? Erst kriegt Mami ihr Morgenküßchen, dann reitest du auf Papi huckepack ins Haus, dann gibt's Frühstück, und erst dann haben wir die Bescherung!»

In diesem Augenblick entdeckte er mich. Minutenlang stand er, zur Salzsäule erstarrt, und fixierte mich wie das Kaninchen die Schlange. Mutter und Tochter drängten sich ängstlich an ihn.

«Nein», sagte Herr Bergmann nach einer Endlosigkeit von Schweigen, «*jetzt* haben wir die Bescherung.»

Mit seiner Stimme erlangte er auch langsam die Fassung wieder zurück. Er räusperte sich und raffte, wie es schien, alle Kräfte zusammen. «Rudern Sie näher und legen Sie an», rief er mir zu. Er verharrte in einer Haltung, die ebenso viel Stolz wie Entschlossenheit ausdrückte, bis ich aus dem Boot geklettert war. Dann stand ich vor der engumschlungenen Gruppe und wartete auf weitere Befehle.

«Kommen Sie mit», ordnete Herr Bergmann an.

Wir gingen ins Haus. Der einzige Raum war gemütlich eingerichtet, der Frühstückstisch schon gedeckt. Stefanies Mutter, eine hübsche junge Frau, holte ein viertes Gedeck. Dann saßen wir uns gegenüber. Meine wachsende, noch immer stumme Verlegenheit drohte von einem Weinkrampf abgelöst zu werden.

«Nun», sagte Herr Bergmann mit seiner üblichen festen Stimme, «nun ist es also geschehen, was wir sechs Jahre lang befürchtet haben. Es ist geschehen und damit nicht zu ändern, und eigentlich bin ich ganz froh darüber. Ja, wirklich», setzte er hinzu, als ich verzweifelt die Hände hob.

«Es tut mir so leid», stammelte ich, «wenn ich geahnt hätte . . . Ich wollte doch nur . . .»

«Schon gut», wehrte er ab. «Sie wollten in Erfahrung bringen, wo ich täglich so reiche Beute mache. Hat Sie Freund Mummel auf meine Fährte gesetzt? Also nicht», übersetzte er mein eifriges Kopfschütteln, «das hätte mich auch gewundert. Mummel ist ein echter Sportsmann, ein Mann von Anstand und Fairneß.»

Ehe ich im Kampf gegen meine aufsteigenden Tränen unterliegen konnte, griff Stefanies Mutter ein. «Nun wollen wir aber vernünftig reden!» Sie reichte mir die Hand über den Tisch. «Ich heiße Claudia Brückner, und Sie sind gewiß Frau Andersen aus dem Ferienheim. Kurt hat mir schon so viel über Sie erzählt, daß ich Sie sofort erkannt habe. Und wenn er nicht übertrieben hat, dann können wir Ihnen auch vertrauen. Dies ist unsere kleine Stefanie, fünf Jahre alt und Papis ganze Freude. Nehmen Sie den Kaffee mit Sahne und Zucker?»

Ich begriff, daß sie in Gegenwart des Kindes nicht reden wollte, aber reden wollte sie. Alle Anspannung der letzten Minuten wich von mir. Ich trank meinen schwarzen Kaffee und war sogar imstande, eine Schrippe zu essen. Nach dem Frühstück erhielt Stefanie das versprochene Geschenk, eine aufblasbare Plastente. Die Freude über das Spielzeug ließ sie die schwer begreifliche Szene von vorhin vergessen. Sie pustete die Ente auf und verschwand damit an den See.

Nun war der Augenblick der Wahrheit beziehungsweise des Eingeständnisses einer Lüge gekommen. Ich spürte, daß mich dies überhaupt nichts anginge. «Wenn ich Ihnen versichere», begann ich zaghaft, «daß ich unsere Begegnung als nicht stattgefunden betrachte ...»

«Nein», sagte Herr Bergmann energisch, «reden Sie nicht weiter. Was Sie vorschlagen, ist unmöglich. Vielleicht wird es Ihnen gelingen, vor den anderen Gästen des Ferienheimes zu schweigen. Aber Sie werden sich mir gegenüber nicht mehr wie früher verhalten können. Mir und meiner lieben Frau gegenüber muß sich Ihr Verhalten zwangsläufig ändern.»

Erst jetzt wurde mir das Ausmaß dessen, was ich wider jede Erwartung erlebt hatte, voll bewußt. Da war ja die liebenswürdige Frau Bergmann, deren ausgeglichenes Temperament ihr südländisches Äußere Lügen zu strafen schien, und wartete allabendlich geduldig auf die Heimkehr ihres angelnden Mannes. Wenn sie wüßte, was er sich da vor sechs Jahren geangelt hatte! Wie aber konnte er, Kurt Bergmann, vor der Mutter seines Kindes von «seiner lieben Frau» sprechen?

«Sehen Sie», sagte Herr Bergmann, «jetzt denken Sie an meine Frau und an die Ungeheuerlichkeit, die ich ihr zumute. Ist es nicht so?»

Ich gestand schweigend.

«Ist es denn wirklich eine Zumutung?» Es klang so, als habe er sich diese Frage schon tausendmal gestellt. «Ich kenne meine Frau seit unserer Schulzeit. Aus einer Sandkastenfreundschaft wurde Jugendliebe, und das ergibt nicht unbedingt die schlechtesten Ehen. Und schon gar nicht mit einem so außergewöhnlichen Menschen wie meiner Frau. Sie ist so tolerant und verständnisvoll, daß sie, als unsere Beziehungen ruhiger wurden und ich um so unruhiger, gewiß Nachsicht geübt hätte. Und gerade damit machte sie mir jede Eskapade unmöglich. Ich wäre mir einfach stillos vorgekommen. Also wurde ich unleidlich, nervös, depressiv. Da schickte sie mich zu diesem Dr. Lotze, Sie wissen, der Arzt mit dem Angeltick.»

«Der Sie mit seinem Hobby angesteckt und so geheilt hat?»

Herr Bergmann lachte. «Er hat es versucht, und ich war wirklich guten Willens. Aber das Angeln liegt mir einfach nicht. Ich bin nämlich eigentlich überhaupt kein geduldiger Mensch, ich liebe den schnellen Erfolg. Und den hatte ich dann ja auch!» Er lächelte seine Claudia wie ein verliebter Jüngling an.

«Er saß verzweifelt mit einer völlig verhedderten Angelschnur in seinem Kahn», erklärte sie, «da bin ich zu ihm geschwommen und hab' ihm geholfen.»

«Das hast du», sagte er zärtlich, «und hoffentlich tust du es noch lange.»

«Und es macht Ihnen nichts aus?» fragte ich aufgeregt. «Ich meine dies alles, daß Sie nur den halben Mann haben.»

Sie sah mich erstaunt an. «Aber das stimmt doch gar nicht! Der Mann, den ich liebe, ist ein ganzer Mann. Daß er auch noch andere Menschen liebt, die er länger kennt als mich, ist doch natürlich. Ich teile mit seiner ältesten Freundin lediglich seine Zeit. Und das schönste Stück des Jahres, der Sommer, gehört uns. Niemand kann wirklich alles haben.»

Ich war verwirrt. Aber auf eine seltsame Weise leuchtete mir auch ein, was mir die beiden da als ihre ganz persönliche Wahrheit verkündeten.

Warum nicht, dachte ich, warum eigentlich nicht?

Claudia Brückner sprang plötzlich auf. «Ich hab' ja noch eine Überraschung, mein Schatz!» rief sie begeistert. Sie verschwand nach draußen und kam mit einem kleinen Eimer zurück, in dem fünf dicke Aale lagen.

«Claudia stammt aus einer erstklassigen Familie», erklärte Herr Bergmann strahlend, «ihr Vater ist Fischhändler.»

Ich lachte noch, als ich nachmittags allein zurückruderte.

Zeisings und die anderen hatten sich schon Sorgen um mich gemacht. Als ich wohlbehalten bei ihnen auf der Terrasse saß, verlief der Tag wieder in seinen gewohnten geruhsamen Bahnen.

Am Abend kam Herr Bergmann. Er wurde von seiner Frau liebevoll begrüßt und von allen Gästen für seinen unerhörten Angelerfolg gelobt und gepriesen. Während Herr Mummel neiderfüllt, aber eilfertig beim Ausnehmen und Zubereiten der Aale half, trugen wir Zweige und Laub für das Feuer in der Räuchertonne zusammen.

«Noch nie», sagte Herr Mummel, als wir zu später Stunde das köstliche Mahl begossen, «noch nie habe ich gehört, daß man am Tag Aale fangen kann. Soviel Glück, mein lieber Bergmann, hat außer Ihnen kein Mensch!»

«Da könnten Sie recht haben», sagte der Bibliotheksrat.

Fischtopf mit Käse

800 g Fischfilet, 1 Zitrone, Salz, 1 mittelgroße Zwiebel, 1 Sträußchen Petersilie, 80 g Margarine, 2 Gewürznelken, 2 Pimentkörner, 1 Lorbeerblatt, 50 g Tomatenmark, 1 Glas Rotwein, 1 Teel. Zucker, 65 g geriebener Käse.

Die kalt abgespülten Fischfilets in 15 bis 20 cm lange und 6 bis 8 cm breite Streifen schneiden, mit Zitronensaft beträufeln, salzen und mit der klein gewürfelten Zwiebel und der gewiegten Petersilie bestreuen. Eine feuerfeste Form mit der Margarine ausfetten, die Fischfilets spiralförmig einlegen, die Nelken, Pimentkörner und das Lorbeerblatt dazwischenlegen und alles auf großer Flamme erhitzen. Kurz bevor der Fisch zu bräunen beginnt, das mit dem Rotwein und Zucker verrührte Tomatenmark darübergießen und alles bei kleiner Flamme 10 bis 12 Minuten dünsten. Etwa 2 Minuten vor dem Garwerden den Käse über das Gericht streuen, den Deckel aufsetzen und fertig garen. – Dazu schmecken Nudelhörnchen oder Spaghetti, ein frischer Blatt- oder Gurkensalat vervollkommnet den Fischtopf.

Gefüllte Fischröllchen

1000 g Fischfilet, 1 Zitrone, 1 Brötchen, 1 Ei, 1 Sträußchen Petersilie, Salz, Pfeffer, Muskat, 50 g Speck, 1 saure Gurke, 40 g Margarine, ½ l Fleisch- oder Würfelbrühe, 1 Röhrchen Kapern, ¼ l Joghurt.

Aus den Filets etwa 8 flache Stücke schneiden (etwa 8 cm breit und 20 cm lang) und mit Zitronensaft beträufeln. Den restlichen, feingewiegten Fisch mit dem eingeweichten, ausgedrückten Brötchen, dem Ei und der gewiegten Petersilie vermischen, mit Salz, Pfeffer und Muskat abschmecken. Diese Masse auf die mit je 1 dünner Scheibe Speck und 1 Streifen Gurke belegten Filets verteilen, zusammenrollen und in gefettetes Pergamentpapier binden. Die Rollen in einen flachen Topf nebeneinander legen, die Fleischbrühe darübergießen und alles etwa 40 Minuten dünsten lassen. Die Fischrollen vorsichtig aus dem Papier nehmen, in eine flache Schüssel legen und Soße darübergießen. Für die Soße wird der Fischsud mit den Kapern aufgekocht und mit Joghurt (nur erhitzen, nicht aufkochen lassen!) verrührt. – Pommes frites, Salzkartoffeln oder körnigen Reis und Blattsalat dazu servieren.

Fischschaschlyk

1000 g Fischfilet (möglichst verschiedene Sorten), 1 Eßl. Weinessig, 3 Eßl. Öl, Salz, Pfeffer, 1 Knoblauchzehe, 1 geriebene Zwiebel, 1 Prise Zucker, 6 Zwiebeln, 2 Zitronen.

Den kurz unter fließendem kalten Wasser abgespülten Fisch abtrocknen, in Würfel schneiden, in eine Schüssel geben. Aus Weinessig, Öl, Salz, Pfeffer, gehacktem Knoblauch und geriebener Zwiebel eine Marinade herstellen, über die Fischwürfel geben und alles gut umwenden. Dann für 1 bis 2 Stunden in den Kühlschrank stellen, wieder umwenden und etwa 20 Minuten vor dem Essen je etwa 6 der verschiedenen Fischwürfel auf Holzspeile ziehen, dazwischen immer 1 gleichgroßes Stück Zwiebel spießen. Die Spieße mit Marinade bepinseln und auf einem Holzkohlengrill etwa 12 Minuten unter öfterem Umwenden rösten. (Auf dem Rost der vorgeheizten Röhre braucht das Schaschlyk einige Minuten weniger zum Garen.) Mit Zitronenscheiben garnieren. – Toast oder körnigen Reis und einen frischen Salat dazu servieren.

Bunte Fischschnitten

60 g Butter, 3 Eßl. gewiegte Petersilie, Salz, 4 Scheiben Fischfilet, 1 Zitrone, Pfeffer, Öl, 4 Tomaten, 8 Radieschen, 8 Scheiben grüne Gurke.

Die Butter mit der Petersilie und etwas Salz verkneten, eine Rolle formen, in Alufolie wickeln und für 2 bis 3 Stunden in den Kühlschrank stellen. Die Fischfilets unter fließendem kalten Wasser abspülen, gut abtrocknen, mit Zitronensaft beträufeln, leicht salzen, pfeffern und mit Öl bepinseln. In der vorgeheizten heißen Röhre beiderseitig in etwa 10 Minuten garen. (Auf dem Holzkohlengrill dauert es 2 bis 3 Minuten länger!) Die halbierten Tomaten ebenfalls leicht ölen, mit wenig Salz bestreuen und während der letzten 5 Minuten mit dem Fisch grillen. Die Fischfilets mit den gegrillten Tomaten, Radieschenscheiben und grüner Gurke garnieren. – Mit frischem Weißbrot oder Toast servieren.

Paprika-Fischrollen

4 Streifen Fischfilet (etwa 8 cm breit, 20 cm lang), 1 Zitrone, Salz, Edelsüßpaprika, je 4 Teel. gewürfelte Gewürzgurke, Paprikafrüchte und Zwiebeln, 1 Eßl. Ketchup, Öl.

Die kalt abgespülten Filets mit Zitronensaft beträufeln, mit Salz und Paprika bestreuen. Die Gurken-, Paprika- und Zwiebelwürfel mit dem Ketchup vermischen, auf die Filets verteilen, diese zusammenrollen und -binden, mit Öl bepinseln und von allen Seiten auf dem Rost der vorgeheizten Röhre in etwa 15 Minuten garen. Dabei öfter wenden und, wenn nötig, wiederholt mit Öl bepinseln. – Röstkartoffeln oder Pommes frites und ein frischer Salat schmecken dazu.

Fisch auf asiatische Art

500 g Fischfilet, 1 Zitrone, 2 Eier, Mehl, 40 g Schweineschmalz. Für die Soße: 1 Eßl. Öl, 4 bis 5 Eßl. kleingeschnittene Mixpickles, ½ Teel. gemahlener Ingwer, 1 Spritzer Weinessig, 1½ Eßl. Zucker, 1 Teel. Ketchup, 1 Eßl. Weinbrand, 1 knapper Eßl. Stärkemehl.

Zuerst die Soße herstellen. Dazu das Öl in einer Pfanne erhitzen, die Mixpickleswürfel und den Ingwer hineingeben und etwa 3 Minuten braten. Dann die übrigen Zutaten zufügen und alles 2 bis 3 Minuten leicht köcheln lassen. Wenn die Soße zu dick ist, etwas mehr Wasser zufügen; dann süßsauer abschmecken.

Den kalt abgespülten, gut abgetrockneten Fisch in Streifchen schneiden (etwa 2 cm breit und 6 cm lang), diese mit Zitronensaft beträufeln, in die verschlagenen Eier tauchen und in Mehl wenden. In dem sehr heißen Schmalz (Vorsicht, es soll nicht rauchen!) nacheinander von allen Seiten goldbraun braten, die Hitze reduzieren, die Soße darübergießen und alles zusammen noch 1 bis 2 Minuten unter ständigem Wenden dünsten lassen. – Körnig gekochten Reis dazu servieren.

Ungarischer Paprikafisch

1000 g Fischfilet (vom Blei oder ähnlichen Fisch), 2 Eßl. Zitronensaft, Salz, Pfeffer, 50 g Butter, 2 Eßl. kleine Zwiebelwürfel, 3 Eßl. gewiegte Küchenkräuter (Petersilie, Kerbel, Dill), 1 Glas Rotwein, 20 g Margarine, 3 entkernte, kleingewürfelte Paprikafrüchte, Mehl, 1 Eßl. Weinbrand.

Das Fischfilet in größere Stücke teilen, kalt abspülen, abtrocknen, mit Zitronensaft beträufeln, salzen und pfeffern. In einer großen Pfanne die Butter zerlassen, die Zwiebelwürfel darin glasig dünsten, die Kräuter untermischen, die Fischstücke zufügen und bei schwacher Hitze garen. Dabei nach und nach den Rotwein zufügen. In einer anderen Pfanne die Margarine zerlassen, die Paprikawürfel kurz dünsten, mit Mehl bestäuben und verrühren. Den garen Fisch auf eine vorgewärmte Platte heben, in den Fischsud die Paprikawürfel geben, aufkochen lassen, mit Salz und Pfeffer abschmecken, den Weinbrand unterrühren und alles über den Fisch verteilen. – Dazu Salzkartoffeln oder trockenen Reis und Blattsalat reichen.

Katerfrühstücksfisch

1000 g Fischfilet, Essig, Salz, Pfeffer, 20 g Margarine, 1 Eßl. geriebener Meerrettich, 2 Eßl. Ketchup, 2 Eßl. kleine Zwiebelwürfel, 2 klein gewürfelte Gewürzgurken, 100 g geriebener Käse, 20 g Butter.

Das Fischfilet kalt abspülen, abtrocknen, mit Essig beträufeln, salzen und pfeffern. Eine feuerfeste Form mit Margarine ausstreichen, die Fischfilets einlegen, den mit Ketchup, Zwiebel- und Gurkenwürfeln vermischten Meerrettich darüber verteilen und im heißen Ofen etwa 20 Minuten dünsten. Dann den geriebenen Käse darüberstreuen, Butterflöckchen aufsetzen und 5 Minuten bei starker Hitze überbacken. – Mit Toast, frischem Salat oder Obstsaft servieren (geeignet auch für ganz normalklare Leute).

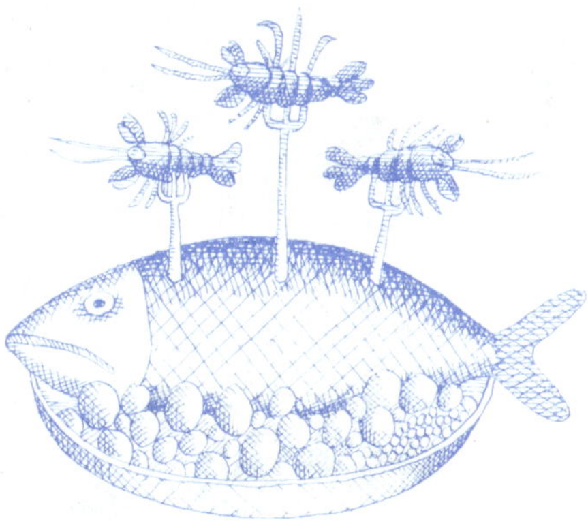

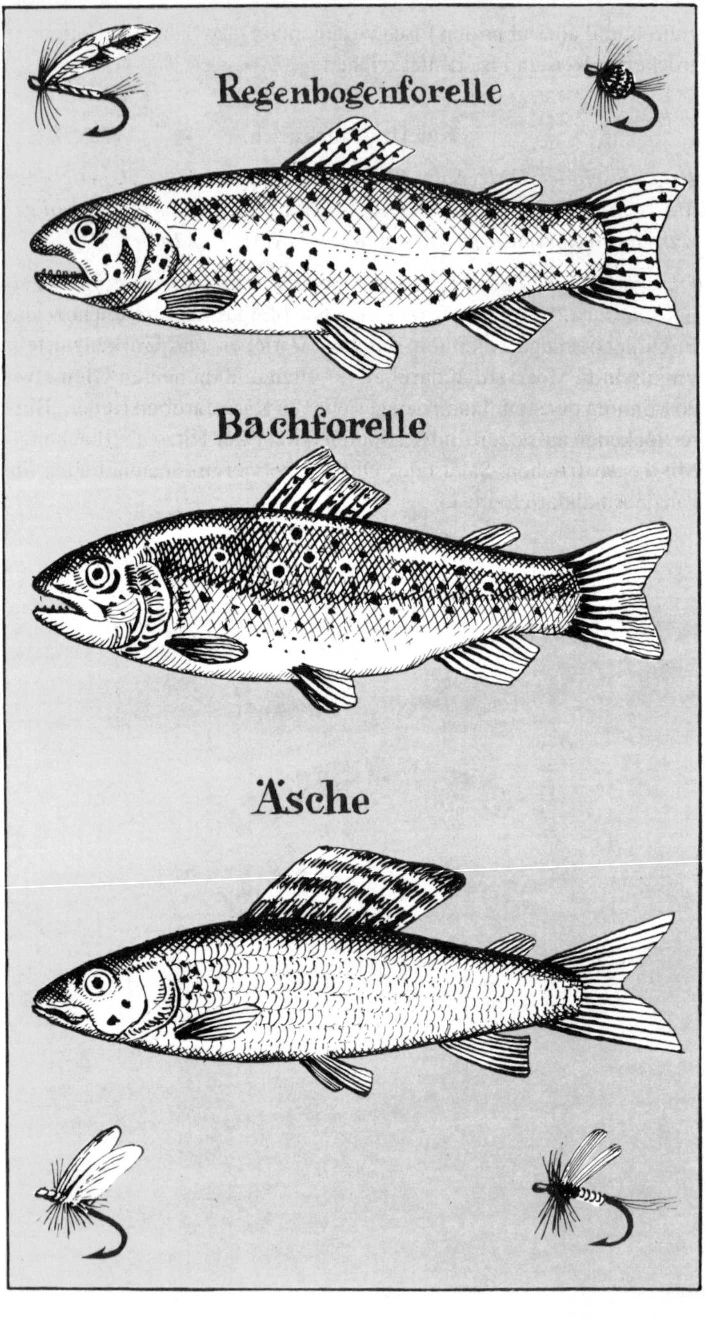
Regenbogenforelle
Bachforelle
Äsche

Forellen und Äschen

Ihrer Schönheit, Schläue und Schmackhaftigkeit wegen gelangten Forellen und Äschen zu künstlerischen Ehren, die andere Fische nie erreichten. Erinnert sei nur an das «Forellen-Quintett» von Franz Schubert, das der Musiker, eingedenk eines fröhlichen Angeltages mit Freunden im Böhmischen, zur Lobpreisung der Bachforelle und des klaren, reinen Wassers, dessen sie zum Leben bedarf, komponierte. Und erwähnt sei das schöne Angelbuch des John Horrocks, in dem der Wahlweimarer ein halbes Jahrhundert später, 1874, unsere Landsleute erstmals mit der Kunst des Fliegenfischens auf Forellen und Äschen vertraut machte.

Beigegeben hatte Horrocks seinem Buch einen handkolorierten Kupferstich von seltener Schönheit. Er zeigt eine Bachforelle in Farben aller Schattierungen, den Rücken olivgrün, «besprengt mit purpurnen Sternchen», goldgelb am Bauch, und eine Äsche, schiefergrau der Rücken, am Bauch silbrig, den schlanken Körper mit kleinen Schuppen bedeckt, Kopf und Maul kleiner als bei der Bachforelle, doch hoch und lang die Rückenfahne (Flosse).

Beim Betrachten dieses Bildes mutet es einen heute an, als seien Salmo trutta forma fario L. und Salmo Thymallus thymallus L., wie Bachforelle und Äsche wissenschaftlich heißen, deshalb in solides Kupfer gestochen, um sie Liebhabern in Erinnerung zu halten.

Im Text skizzierte John Horrocks jedoch schonungslos das traurige Bild des Verfalls der Gewässer und der Flußfischerei in Deutschland im Frühstadium der kapitalistischen Industrialisierung. «Im vorigen Jahrhundert und zu Anfang des jetzigen», schreibt er, «waren Seen und Flüsse noch voller Salmoniden, und Lachse, Forellen, Äschen und Saiblinge hier reichlicher vertreten, als in den Gewässern von Großbritannien und Norwegen. Und wie steht es dagegen heutzutage? Die Lachse sind fast ausgestorben, und Forellen und Äschen nehmen schnell ab. Die Verminderung ist allmälig, aber sicher, und wenn nicht bald ernste Schritte zur Schonung gethan werden, so werden die edlen Salmoniden in wenigen Jahren in Deutschland nur noch in naturhistorischen Sammlungen zu finden sein.»

1882, ein Jahr nach dem Tod von John Horrocks (geboren wurde er am 29. Juni 1816 in Edinburgh, Schottland) machte man in Deutschland den Versuch, die aus Nordamerika stammende Regenbogenforelle in Fließgewässern und Seen heimisch zu machen. Da dieser Fisch, der wissenschaftlich Salmo gairdneri Richds. heißt, bescheidenere Ansprüche an die Reinheit des Wassers stellt als alle anderen Salmoniden, gelang seine Einbürgerung.

Indes verschlechterten sich durch die immer größer werdende Abwasserlast aus Fabriken, menschlichen Siedlungen und einer mittlerweile nahezu industriell produzierenden Landwirtschaft die Lebensbedingungen für Bachforellen und Äschen stetig weiter. Oft unnötige Begradigungen von Bächen und Flüssen taten das Übrige, so daß heutzutage hauptsächlich nur noch die «robustere» Regenbogenforelle unsere Fließgewässer bevölkert. Sie ist auch stets gemeint, wenn «Fischesser» von Forellen sprechen. (Das einprägsamste Merkmal aller Salmoniden ist übrigens ihre sogenannte Fettflosse, früher auch Speckflösslein genannt, eine am Ende des Fischrückens angedeutete Flosse.)

Die nach wildem Thymian duftende Äsche oder die schöne Bachforelle mit ihrem festen, rötlichen oder weißen Fleisch (je nach Nahrung der Fische) kennen die meisten nicht mehr. Nur die allergrößten Schlemmer, deren Beziehungen auch zu Anglern reichen, die noch um die wenigen erhaltenen Jagdgründe dieser Edelfische wissen, vermögen sich hin und wieder einen solchen Leckerbissen zu verschaffen. Zunehmend mehr Angler schätzen jedoch das Wohl ihrer Fischbestände höher als die Gaumenfreuden. Wohl deshalb sehen sie Bachforelle und Äsche auch lieber im Wasser als in feinster Holländischer Tunke oder nach Müllerin-Art gebacken.

Das Vergnügen, in den malerischsten Gegenden, abseits vom Alltag, mit der Fliegengerte die «Aristokratie» der Fische, wie John Horrocks Bachforellen und Äschen nennt, zu angeln, ist Petrijüngern heute Tagesreisen von 300 km und mehr wert.

Bäche und Flüsse, die wegen ihrer landschaftlichen Schönheit und ihres Reichtums an Bachforellen und Äschen in der Geschichte des Fliegenfischens einen guten Ruf bei Anglern ganz Europas haben, sind noch heute Schauplätze, wo passionierte Flugangler alljährlich ihre Triumphe feiern. Zu ihnen gehören auch die Ilm und das Rhönflüßchen Felda im Thüringischen.

An der Ilm fischt der Petrijünger am besten von Weimar aus stromauf, wo er an den berühmten Lieblingsplätzen des John Horrocks, wie Taubach, Mellingen, Öttern, Bad Berka und Tannroda, kapitale und schön gezeichnete Regenbogenforellen fängt und sein Fischkörbchen mit Wiesenchampignons schmücken kann. 50 km wei-

«Also Sie sind der, der meine Angelkünste bei meiner Frau so schlechtgemacht hat.»
«Erlauben Sie, die haben Sie selber schon so schlecht gemacht.»

«Du hast nichts anderes mehr im Kopf als dein albernes Angeln, morgens, abends, an den Wochenenden Angeln, schließlich bin ich auch noch da.»
«Ach was.»
«So, du leugnest. Das haben wir gleich. Nenn auf der Stelle das Datum unseres Hochzeitstages!»
«Das war der Tag, an dem ich 6 Pfund gute Forellen erbeutet habe.»

ter, zwischen Ilmenau und Stützerbach, im idyllischen Ilmoberlauf, ist heute die Heimat der Bachforellen.

Fischt der *Flugangler* im Rhönflüßchen Felda, wo er Bachforellen und Äschen noch reichlicher antrifft als anderswo, so sollte er nach vollbrachtem Tagwerk nicht versäumen, Einkehr im altehrwürdigen «Sächsischen Hof» in Dermbach zu halten. Der Gasthof, mit reicher Fischerei- und Jagdtradition, wird den Angler bezaubern. Umgeben von Malereien, Schnitzwerk, Trophäen, Versen und Trinksprüchen fröhlicher Petrijünger, wird er an rustikaler Tafel die köstlichsten Rhöngerichte kennenlernen und über nichts anderes sprechen wollen als über Fliegenfischen. Vielleicht sogar in jenem bis aufs kleinste im Original erhaltenen «Englischen Zimmer», wo noch 1912 reiche britische Fliegenfischer ihre Pachtkontrakte über das Erstrecht zum Fischen in der Felda während der Maifliegenzeit abschlossen. In solcher Runde offenbaren Petrijünger bereitwillig alle Glaubenssätze ihres Angelstils. So wird der Naßfliegen-Angler, der sein Kunstinsekt dem Fisch stets unter der Wasseroberfläche präsentiert, seine Methode ebenso loben wie jener, der als Schüler Halfords (er war der tonangebende Trockenfliegen-Fischer um die Jahrhundertwende) nur mit möglichst genauen Insektennachbildungen auf Fische angelt, die ihre Nahrung von der Wasseroberfläche nehmen.

Vehement teilt sich zu solchen Anlässen auch der Nymphenfischer mit. Seine Art zu angeln, die von den Engländern Skues (1908) und Sawyer (1952) begründet wurde, beruht darauf, Forellen und Äschen mit künstlichen Wasserlarven, die er Nymphen nennt, zu täuschen. Damit fischt er im tiefen Wasser, wo natürliche Larven zwischen Steinen und Grünpflanzen leben, oder im Mittelwasser und an der Wasseroberfläche, wenn Nymphen vom Bachgrund aufsteigen, um dort ihre Larvenhaut zu sprengen und sich in das geflügelte Insekt (Subimago) zu verwandeln. Diese Erscheinungsform, die der Fliegenfischer in altenglischer Jagdsprache «Dun» oder «Braune» nennt, kopiert der Angler in schmutzigen Braun- und Gelbtönen und weniger elegant als die Imago, die das letzte Stadium im Leben der Eintagsfliegen darstellt.

Der schöne, ewig alte Streit, ob sich Forellen und Äschen am besten mit Kunstfliegen überlisten lassen, die der Angler nach natürlichem Insektenvorbild aus Federn vom Haushahn, Pelzwerk und Seide herstellt, oder eher mit schillernden bunten Phantasiegebilden, ist unter Fliegenfischern auch heute noch ein beliebtes Thema. Persönlich halte ich es so, daß ich vorwiegend mit Imitationen fische, die das jeweils nachzuahmende Entwicklungsstadium (Nymphe, Subimago oder

Imago) und dessen äußere Vielfalt (Größe, Form, Farbe) weitestgehend natürlich darstellen.

Mit wieviel Fliegen und Nymphen ein Angler am Fischwasser auskommt, hängt vom Wissen und Können des Petrijüngers und von den natürlichen wie den jahres- und tageszeitlichen Bedingungen ab, unter denen er fischt. Da Salmoniden ihre Fliegennahrung gerne unter einer oder zwei Arten schlüpfender, schwärmender oder sterbender Eintagsfliegen (Ephemeroptera), Köcherfliegen (Trichoptera), Steinfliegen (Plecoptera), Zuck- und Kriebelmücken (Diptera), Erlenfliegen (Megaloptera) und Motten (Lepidoptera) auswählen, sollte der Angler stets Kopien dieser Insekten in verschiedenen Größen sowie drei, vier gute Nymphenmuster in seiner Fliegenschachtel haben.

So ausgerüstet, kann der Petrijünger leicht den Rat des alten Izaak Walton befolgen, der schreibt: «Auch soll ein Angler, ehe er zu fischen beginnt, den Fluß entlangwandern und sich die Fliegen merken, nach denen die Forellen schnappen. Wählt er nun aus seiner Tasche eine künstliche Fliege aus, die der echten entspricht, wird es ihm sicher gelingen, eine so große Zahl dieser Fische zu fangen, daß er sich mehr und mehr mit der Kunst des Fischens mit künstlichen Fliegen befassen wird.»

Da ein schönes und erfolgreiches Flugangeln auf dem geschickten Nachahmen der Natur beruht, muß sich der Petrijünger vor allem darin üben, das Fischwasser stets gut zu beobachten und seine Fliegenleine in einer ungezwungenen, spielerisch eleganten und wirksamen Weise auszuwerfen. «Es grenzt ans Wunderbare», so 1874 der Klassiker John Horrocks, «wenn man sieht, wie Angelhaken von liliputischer Winzigkeit (heute sind die Kleinsten nur wenig größer als ein Streichholzkopf – der Verf.), Seidenwurmdarmseide, so fein wie ein Haar (mittlerweile durch hauchzarte Kunststoffschnüre ersetzt – der Verf.), und eine Ruthe, deren rohrene Aufsätze zum Theil wenig dikker als ein Rabenfederkiel sind, zum Fang der allerstärksten Flußfische dienen. Wir erkennen hier den Triumph der Kunst über rohe Naturkraft und Gewalt.»

Schwierigkeiten, die sich dem Angler beim Erlernen der verschiedenen Wurfarten auftun, beispielsweise beim Rollwurf oder dem Fallschirmwurf, aber auch beim Anhaken, dem Drill und der schonenden Landung der Fische (vor allem der empfindlichen Äschen), muß er durch Geduld und Ausdauer, besser aber noch durch die Hilfe eines erfahrenen Fliegenfischers zu überwinden suchen. «Denn es ist viel besser», so John Horrocks, «wenn man noch gar nichts vom Fliegenfischen versteht, als wenn man die Sache unrichtig gelernt hat.»

Im Hotel: «Wünschen Sie ein Zimmer mit fließendem Wasser?»
Gast: «Was nicht noch! Bin ich eine Forelle?»

«Mein Mann ist leidenschaftlicher Angler. Das ganze Jahr ist er jede freie Minute unterwegs. Rechne ich alles zusammen, ist er pro Jahr höchstens einen Monat zu Hause.»
«Das ist ja schrecklich!»
«Warum? Ein Monat geht doch schnell vorbei.»

An der Erfurter Volkshochschule ist Fliegenfischen deshalb heute ein Lehrfach. Das wird helfen, den schon von John Horrocks im nachgoetheschen Weimar begründeten Ruf Thüringens als eines der europäischen Zentren der Kunst der Fliegenfischerei unter den günstigen sozialökonomischen Bedingungen des Sozialismus zu wahren. Das erfordert Engagement der Petrijünger sowohl beim Schutz der Gewässer und Biotope sowie der Schonung der Fischbestände, als auch bei der Pflege der Bäche, Flüsse, Seen und Teiche.

Von 345 in einem Jahrzehnt gefangenen größeren Salmoniden nahm ich lediglich acht Bachforellen, 11 Äschen und 32 Regenbogenforellen mit nach Hause und gab alle anderen Fische dem Wasser zurück. Viele von diesen, besonders solche an schwer zugänglichen Stellen, fand ich dann nach Monaten, wenn ich nach ihnen sah, stets am gleichen Ort wieder.

Ganz besonders erinnere ich mich an eine Regenbogenforelle in der Wipfra bei Eischleben im Kreis Arnstadt. Sie hatte ihr Zuhause in einem tiefen Gumpen (Wasserloch) gegenüber einer Schöpfstelle, wo die Kleingärtner ihr Wasser holen. Obwohl dieser Fisch stets emsig Insekten von der Wasseroberfläche schnappte, unterschied er doch sehr genau zwischen Kunstfliegen und natürlicher Nahrung. Bemerkenswert war auch seine Gabe, Gärtner und Angler auseinanderzuhalten. So störte ihn das Wasserholen überhaupt nicht. Nahm er jedoch nur den geringsten Schatten einer Angelrute wahr, tauchte er sofort in die Tiefe des Wassers.

Als wir die Regenbogenforelle im Juni 1982 zum erstenmal überlisteten, maß sie 38 cm. Da wir sie dem Wasser zurückgaben, konnten wir am Abend des gleichen Tages beobachten, wie der Fisch wieder freudig natürlichen Insekten nachstellte.

Ein Jahr lang behielten wir die Salmo gairdneri im Auge. Als wir die Regenbogenforelle im August 1983 zum letztenmal überlisteten, maß sie mittlerweile 43,5 cm. Wir gaben sie wieder dem Wasser zurück. Ein Foto sorgt dafür, daß wir sie in schöner Erinnerung behalten. Außerdem wissen wir jetzt, daß auch Regenbogenforellen – was so oft von Anglern angezweifelt wird – ihrem Standort treu bleiben. Vorausgesetzt, daß er ihnen sicher scheint und ausreichend Nahrung bietet.

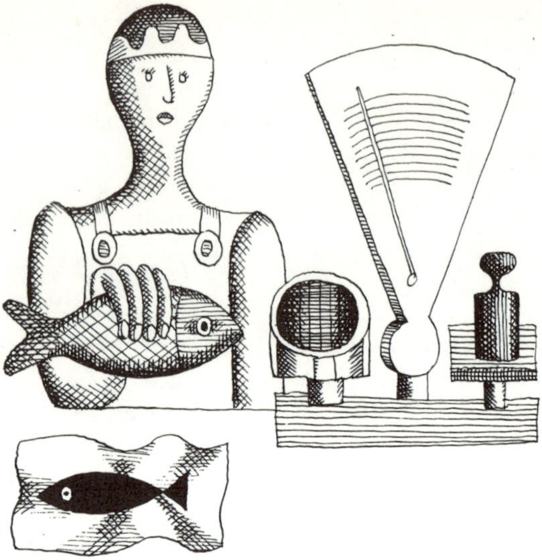

Wie mir Fische begegnen

von
Heinz Knobloch

Die Wahrheit: Ich esse gern Fisch. Aber Fischen mag ich nicht, und Angeln schon gar nicht. So habe ich unter Anglern nichts zu suchen; man wird mich ohnehin verachten, da ich meine Abneigung so offen zugebe. Ich könnte ja auch schweigend dagegen sein. Dann würden mich die Angler tolerieren.

Vielleicht liegt es daran, daß mir niemand als Junge das Angeln beigebracht hat. Damals wäre das möglich gewesen. Damals war die Elbe noch belebt. Es standen auch etliche Angler am Ufer oder auf dem Angelsteg. Doch unruhige kleine Jungen duldeten sie nicht in ihrer Nähe. Hat das meine Abneigung geweckt?

Außerdem sah es langweilig aus, dieses Warten auf das Anbeißen. Also, mein Vater hat mir das Angeln nicht beigebracht. Mein Vater war kein Anglersmann, sondern wanderte . . .

Hat jemand schon einmal erklären können, warum es meistens Männer sind, die angeln? Und warum Frauen mit roten Händen in den Fischläden hinter den Ladentischen stehen?

Einmal, im vergangenen Jahr war das, sah ich eine Anglerin. An der Newa in Leningrad. Vielleicht hätte ich von dieser Frau, deren Gesicht ich im Vorübergehen nicht sah, weil sie so angestrengt in den Strom blickte, die einfache Lösung erfahren.

Mir würden noch mehr Widerworte gegen das Angeln einfallen, hätte ich nicht das Buch von Ota Pavel gelesen, der leider schon tot ist. Es heißt «Wie ich den Fischen begegnete» und enthält so wunderbare Sätze wie: «Das Fischen ist vor allem Freiheit. Kilometerweit zu den Forellen gehen, Wasser aus Brunnen trinken, allein und frei sein, wenigstens für eine Stunde, für Tage oder sogar für Wochen und Monate. Frei von Fernsehen, Zeitungen, Radio und Zivilisation.»

Also kann ich in Ermangelung abenteuerlicher Fischfänge nur vom Fischessen berichten, vorzugsweise.

Mein Sternbild sind die Fische. Das soll mir egal sein, wenn ich nur wüßte, warum mir eine Mehrzahl zugeordnet wird. Die anderen, Löwe, Steinbock, Widder, die kommen einzeln. Vielleicht hat es damit zu tun, daß unsereiner nicht zielstrebig denkt, einseitig, sondern unvermutete Bewegungen einräumt, so oder so, hin und her, mehrere Möglichkeiten, flink und töricht zugleich wie diese beiden Fische in der Sehnsucht nach der Angel, die sie aus dem undurchsichtigen Schlamm auf den Tisch eines Feinschmeckers bringen kann.

Und wenn ein Fisch angebissen hat, dann ist immer noch einer übrig.

«Weißt du, wie der Buchstabe K entstanden ist?» fragte mich eines Abends mein Großvater. Ich war noch sehr klein, ging vielleicht gerade zur Schule und schüttelte stumm vor Aufregung den Kopf.

Wir saßen beim Abendessen. Wahrscheinlich hatte ich sorgfältig nach versteckten Gräten durchgeforschten Bückling auf dem Butterbrot, hingestellt mit der Ermahnung, nicht hastig zu schlingen, sondern auf haarfeine Gräten zu achten, die dem Mutterauge entgangen sein konnten.

Möglich, daß mein Großvater ebenfalls Fisch speiste und dabei auf den Gedanken kam, mir etwas zu erzählen. (Die Kinder ahnen nie, wie wir Großen mit ihnen ins Gespräch kommen möchten. Erst später erleben sie am eigenen Herzen, was wir auf dem Herzen hatten.)

Vielleicht hatte sein Großvater schon die Geschichte mit dem K erzählt. (Auch ich habe sie bereits weitergereicht.)

Ich hörte bis ins Innerste berührt die Geschichte von dem Mann, der frohgemut Fisch aß, zu gierig vielleicht, so daß ihm eine Gräte im Halse steckenblieb. Er mühte sich keuchend, sie herauszujagen. Nicht hustend, sondern schon in Atemnot mit jenem kch – kch, das mein Großvater Heinrich so mitreißend vormachte, daß ich es ihm sogleich nachtat; fast bedauernd, daß mich keine Gräte im Halse zu naturgetreuer Wiedergabe nötigte. Kurze Zeit nur, denn wir wurden beide ermahnt, uns anständig zu benehmen bei Tische.

«So hat dieser Mann damals das K erfunden», sagte mein Großvater. «Das ist der erste Buchstabe unseres Namens.»

Ich war sehr stolz, daß unser K nicht auf langweilige Art entstanden ist, sondern notgedrungen.

Von nun an wartete ich bei jedem Abendbrot darauf, daß er etwas Ähnliches von den anderen Buchstaben erzählen würde. Wie kam es denn zu dem N? Und wer hat zuerst O gesagt?

Vergebens. Wahrscheinlich kannte er keine Geschichte von den anderen Buchstaben. Wißt ihr, wie euer Anfangsbuchstabe entstanden ist?

Jeden Monat verdirbt mindestens ein zerbrochener Tanker das Gastmahl des Meeres.

Meine Enkel werden von mir erzählen, daß ich exotisches Geschöpf noch Dorsch gegessen habe, einfach so mitten in der Woche. Und Seelachs und dergleichen Museumsstücke, die das Aquarium im Tierpark mühsam ernährt.

Wenn ihr mir jetzt den Vogel zeigt, dann zeigt mir doch bitte dazu die Liste der Küchenkräuter, die seit Urgroßmutters Zeit aus unserer Küche verschwunden sind. (Seit drei Jahren versuche ich, Kerbelsamen zu kaufen.)

Dill gibt's aber noch. Wahrscheinlich behüten ihn die Angler.

Die Erfindung des arbeitsfreien Sonnabends haben wir miterlebt. Wüßte man, wer sich den Sonntag ausgedacht hat, dann könnten Betrachtungen über den Freitag deutlicher sein. Er war einst der glücklichste Tag der ganzen Woche. Die alten Germanen nutzten ihn zum Heiraten, die jüdische Religion leitet ihr festliches Mahl am Sabbatabend mit einem Fischgericht ein. Gefillte Fisch.

Den würde ich gern einmal kosten mögen; das Rezept ist vorhanden, aber kochkundige Frauen behaupten, es sei nicht machbar. Wie dem auch sei . . .

Im Gegensatz zu den katholischen Gläubigen ist Fisch für Juden ein Festmahl und keine Fastenspeise.

Die Schwänke über getarnte Fischspeisen, mit denen Mönche die strengsten Fastengebote umgehen, sind so häufig wie jene Geschichten, in denen sie übermütig das andere Fleischverbot übertreten.

Die Möglichkeiten, Fleisch in Fisch zu verwandeln, sind zahlreich. Die einfachste wählte ein Negerknabe, den ein Propst als Sklaven gekauft und nach Bayern mitgenommen hatte, wo er ihn taufte und als Bediensteten behielt.

Schon am nächsten Fasttag wurde dieser Junge vor den Propst geschleppt und eines unverzeihlichen Vergehens angeklagt. Er hatte Huhn gegessen.

In dieser von Johann Nepomuk Vogl in Verse gebrachten Begebenheit erklärte der Knabe, er habe das Huhn, auf das er Appetit hatte, zuvor zu einem Hecht umgetauft. Sei nicht erst neulich mit ihm selber gleiches geschehen?

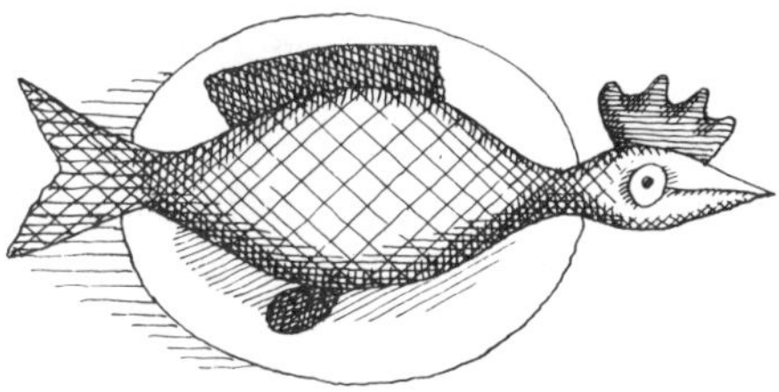

Freitags wird gebadet. Freitags gibt's Fisch.

Weil das warme Wasser nicht mühelos und täglich aus der Leitung kam, sondern angefertigt werden mußte, in Hausarbeit, und weil der kommende Feiertag saubere Menschen verlangte, deshalb schrubbten sich die Menschen, oder wurden geschrubbt.

Freitags hält sich nach dem Baden manche Ehefrau bereit. Aus Gewohnheit. So streng sind bei manchem noch die Bräuche. Das haben die alten Römer nicht gewollt, als sie den Freitag der Venus zueigneten.

Und als er schon bis zum Hals im Wasser stand und sein Kahn immer tiefer sank und sich auflöste, da verschlang ein großer Fisch den standhaften Zinnsoldaten.

Das ist eines der schönsten Märchen, die es gibt.

Dann wird der große Fisch gefangen, auf den Markt gebracht und verkauft. Die Köchin, als sie ihn mit dem Messer öffnet, findet den Zinnsoldaten und trägt ihn ins Zimmer. Nicht aber, weil sie ihn erkennt als Hausgenossen, sondern um der Herrschaft den seltenen Fund vorzuweisen. Was es nicht alles gibt.

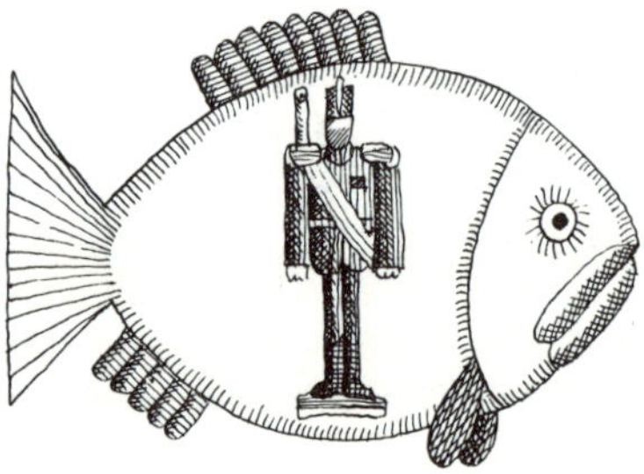

So gelangt der wundersam Gerettete wieder in das Zimmer zurück, in dem alles begonnen hatte und sogleich enden wird. Den Fisch aber, den großen Fisch, haben wir alle noch am gleichen Mittag mit Petersiliensoße verspeist.

Eines Vormittags verabschiedete sich mein Vater kurz von meiner Mutter. Er nahm den Mülleimer mit nach unten und wollte etwas zum Mittagessen einkaufen gehen. Er hatte dazu viel Zeit, seit er Rentner war.

Jedoch kehrte er nie wieder. Gegen dreizehn Uhr erschien ein Polizist mit einem Brief des Reviervorstehers, der meiner längst zutiefst beunruhigten Mutter die befürchtete Wahrheit mitteilte: «. . . und wurde in das Urban-Krankenhaus eingeliefert, wo die Ärzte nur noch den Tod feststellen konnten.»

Nicht, daß mein Vater überfahren worden wäre; sein Lebensweg war plötzlich an einer Straßenecke zu Ende.

Ich erzähle das hier, weil sich in seiner Tasche ein Zettel fand, den meine Mutter aufbewahrt als sein letztes Lebenszeichen. Das ist es auch. Dort steht, was er einkaufen wollte. In der Lebensmittelabteilung des großen Warenhauses. Unter anderem: Fisch. Die Sorte war nicht vermerkt. Er würde sich beim Anblick des Angebotes entscheiden. Dann, wenn ihm das Wasser im Munde zusammenlief.

Mein Vater war ein großer Fischesser. Er liebte grüne Heringe, gebackenen Hecht und Plötzen, ungeachtet ihrer vielen Gräten. Von ihm habe ich gelernt, daß zum *Karpfen blau* Meerrettich gehört in ungesüßter Schlagsahne.

Unser sonntägliches Frühstück vor dem Kriege ist einer meiner stärksten Kindheitseindrücke. Es gab eine Dose Ölsardinen. Sie war

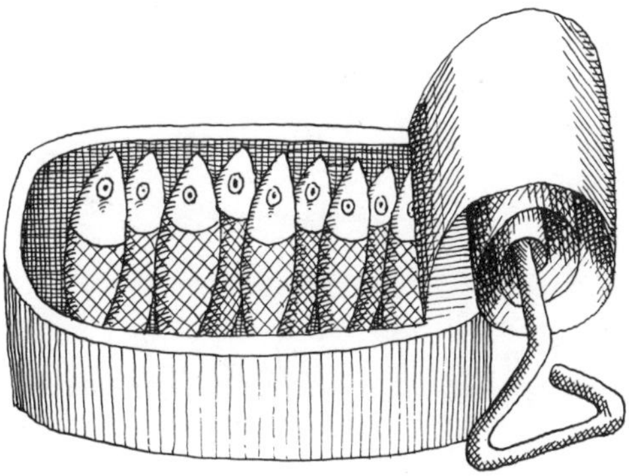

der Höhepunkt der Woche. Eine Dose Ölsardinen für uns drei. Ich kann nicht sagen, ob meine Mutter davon aß, wahrscheinlich nahm sie eine oder eine halbe, während ich, auf den Geschmack gekommen, ingrimmig feststellte, daß der Vater immer die größte Portion erhielt.

Heute, dem augenrollenden Futterneid eigener Kinder ausgesetzt – und sie äußern es laut –, weiß ich, daß mein Vater zwei oder höchstens drei Sardinen bekam. Wie viele findet ihr denn in einer Dose?

Für Kinderaugen aber hatte er einen Sardinenschwarm auf seinem Weißbrot.

Claudius Aelianus, der im 2./3. Jahrhundert unserer Zeitrechnung lebte, hat in froher Folge und höchst abwechslungsreich Begebenheiten mit Tieren aufgezeichnet. Sehr glaubwürdige und unvorstellbare. Darunter auch einiges über den Stör. Dieser fette, wohlschmeckende Fisch. Seine Haut ist so rauh, sagt Aelian, daß die Lanzenschmiede mit ihr ihre Lanzen glätten. Aus einer Sehne im Rückenmark, wenn man sie in der Sonne trocknet, kann man eine Peitsche anfertigen wie aus Leder. Doch vom Kaviar sagt der erfahrene Römer kein Wort.

Hat er ihn nicht gekannt? Bedauern wir ihn deshalb? Seltsamerweise mögen nicht alle Menschen Kaviar. (Du denkst, was dich entzückt, müßte auch alle anderen begeistern. Sei doch froh, daß die Geschmäcker verschieden sind.)

Unter meiner Glasplatte liegt allerlei Bildwerk. Kleingrafik, fremder Leute Exlibris, der gerade gültige Kalender, eine Witzzeichnung und ein Aphorismus von Johannes R. Becher, den Mut des Schriftstellers zur Literatur betreffend. Neben der Ansichtskarte des abendlichen, von Claussen Dahl gemalten Dresden liegt ein quadratisches Kärtchen.

Man sieht auf goldenem Untergrund ein Stück Küste, davor einen Kahn mit zwei stehenden Menschen, die Arme nach oben gereckt, so daß es auf die große Entfernung hin Jubel bedeuten kann oder Hilferuf. Im Wasser unten leben Zappelfische außerhalb einer langen Reuse. Darunter steht ein Gedicht, handgeschrieben:

Hier laß uns Anker werfen,
im Wortemeer
Drei Zeilen fern
Von den Zeitungsschwärmen

Die Harpunen schärfen!
Die Wortangel her!
Auf den siebenten Stern
des Pegasus warten, nicht lärmen

Worte muß man unendlich
leise und vorsichtig fangen
wie weise alte Hechte
Es tut dir später fast leid.

Hast du sie endlich
sind dir so viele entgangen.
Weißt du, echte
gute Worte leben nie zu zweit.

Das hat John Erpenbeck gedichtet, mir aufgeschrieben und gemalt; als guter Freund, wohlwissend um die tägliche Jagd im Wörtersee.

In Karlovy Vary, wo es wer weiß wieviele Brücken gibt über den vom ewigen Sprudel gewärmten Fluß Tepla, ist eine neu hinzugekommen. Sie führt zum allerneuesten Hochhaushotel, und unter ihr versammeln sich im Wasser die Karpfen wie zu einem Kongreß. Werfen die Touristen hier besonders viele Leckerbissen hinab?

Angler stehen hier keine.

In dieser Stadt ist im Sommer 1799 Dr. Marcus Bloch gestorben, ein Berliner Arzt.

Da stehen alle Angler auf. Ehre seinem Andenken. Sie kennen ihn gut. Hat nicht dieser Dr. Bloch als erster ihre Fische beschrieben? Erhalten nicht die vorzüglichsten Angler die Dr.-Marcus-Bloch-Ehrennadel? Na also.

Er war Berliner Arzt und beschäftigte sich in seinen Erholungsstunden mit Naturgeschichte. Da fiel ihm beim Durchsehen der Neuerscheinungen auf, daß es über Bienenzucht allerlei Schriften gab, nur mit den Fischen beschäftigte sich niemand.

«Verdienen nicht die Fische ebensowohl unsere Aufmerksamkeit; machen sie nicht einen großen Teil unserer Nahrung aus?» So fragte Bloch und legte sein Geld in Fischsammlungen an, schrieb ein Standardwerk und ließ es auf eigene Kosten drucken. In lateinischen Lettern und nicht in deutschen Buchstaben, denn ausländische Interessenten sollten es auch lesen können. Zuvor gab es auf der Welt kein Buch dieser Art wie Blochs «Oekonomische Naturgeschichte der Fische Deutschlands».

Im Berliner Naturkundemuseum stehen noch zahlreiche Präparate von Blochs Hand. Er hat seine Sammlung diesem Museum vermacht. Ein wenig dunkel geworden oder ein bißchen sehr getrübt sind die Gläser mit Fischen, die Marcus Bloch aus wissenschaftlichen Gründen konserviert und nicht aufgegessen hat.

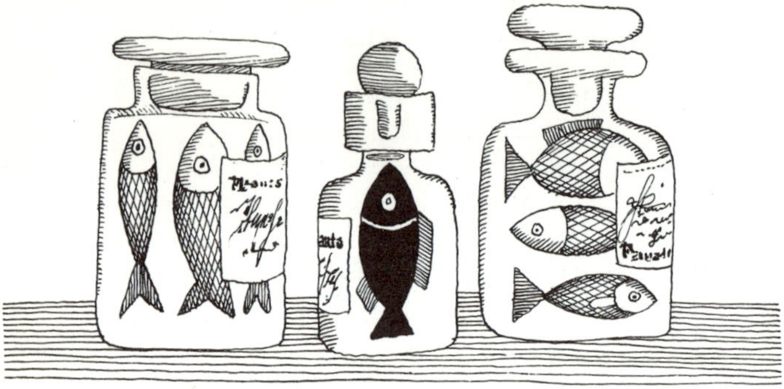

Ist denn das nicht wissenschaftlich längst überholt nach so langer Zeit? Folgende einheimische Süßwasserfische haben von Bloch ihren ersten wissenschaftlichen Namen erhalten:

– Bitterling, Rhodeus sericeus amarus, dem Bloch 1783 den Namen Cyprinus amarus gab.

– Giebel, Carassius auratus gibelio, den Bloch 1783 Cyprinus gibelio benannte, die Stammform des Goldfisches. Der schmeckt den Anglern nicht, aber er erfreut Tausende Kinder am Springbrunnen in Sanssouci und anderswo. Also laßt ihn gelten, den harmlos zutraulichen Goldfisch.

– Schneider oder Alandblecke, Alburnoides bipunctatus, von Bloch 1783 Cyprinus bipunctatus benannt.

Man sieht, die Fischnamen sind präzisiert worden. Doch nun kommt der Clou:

– Bachneunauge, Petromyzon planeri Bloch 1785. Dieser Name gilt heute noch unverändert.

Da werfen wir den Karpfen im warmen Wasser einen weiteren Brocken zu. Dr. Bloch läßt grüßen.

Und nun werde ich ohne Furcht vor der Wissenschaft erzählen, wie ich einen Walfisch gesehen habe, obwohl der doch ein Säugetier ist, ich weiß, bitte schreiben Sie nicht deshalb einen Brief.

Eines Tages lag am Ufer der Kindheit, nur ein paar Dutzend Meter vom blauen Meer entfernt, ein Elbkahn vor Anker. Dort war statt anderer Fracht ein präparierter Wal untergebracht. Er paßte gerade hinein. Wenn ich nicht irre, kostete es für Kinder zehn Pfennige, ihn anzusehen.

Ich stand vor seinem aufgerissenen Maul, dieser offenen Tür, und las mit Beruhigung, was auf der Tafel stand. Daß nämlich dieses Tier dank seiner winzigen Schlundöffnung – deutlich ausgeleuchtet zu erkennen – lediglich kleine Fische zu verschlucken imstande sei. Ungefährlicher als ein Löwenrachen.

Nun ging ich an dem endlosen Fisch entlang und musterte seine graue Haut. Da wurde mir plötzlich klar, daß wir beide allein waren. Die Frau mit der Kasse sonnte sich draußen am Steg.

Mich überkam eine besondere Angst, ich ging schneller und lief eilends um den schönen Schwanz herum, ohne ihn genauer zu betrachten.

Wovor mag ich Angst gehabt haben?

Daß er sich bewegen und mich zerschmettern könnte? Oder weil er so groß war, ein Seeungeheuer? Ich machte, daß ich von dem Kahn herunterkam.

Das ist mir wieder eingefallen, als ich eines Tages «Moby Dick» las.

Und jetzt fällt mir der große Fisch ein – und er ist ein Fisch –, weil «die Angler» die Größe ihrer Fänge übertreiben, weil sie jeden Fisch größer machen.

Einmal fragte ich die Frau eines leidenschaftlichen Anglers, die vielleicht die leidenschaftliche Frau eines Anglers war, wenn Sie das bitte beim Lesen auseinanderhalten möchten, was denn so Besonderes daran sei, wenn ihr Mann mit Fischen heimkäme, die er gefangen habe.

Sie antwortete mit einem ganz eigenartigen Leuchten in ihren Augen: «Es ist doch schön für eine Frau, wenn sie weiß, daß ihr Mann für sie auf die Jagd geht.»

Nun hätte ich noch einen Philosophen anzubieten. Victor Auburtin (1870–1928), der mitten in einem Feuilleton folgendes sagte: «Am Nachmittag ging ich in das Fischgeschäft, um einen Karpfen für das Fest zu kaufen.

Das Geschäft, in dem ich meine Fische kaufe, unterscheidet sich von anderen Geschäften dieser Art dadurch, daß in ihm ein Haussegen aufgehängt ist. Dieser Haussegen enthält die Worte: *Wo Glaube, da Liebe; wo Liebe, da Hoffnung; wo Hoffnung, da Gott; wo Gott, da keine Not,* und ist über der Bank angebracht, auf der die Fische zubereitet werden.

Soll ich ihn gleich totmachen? fragte mich das Fräulein und lächelte verführerisch.

Ich wäre am liebsten wieder fortgelaufen. Wenn ich bitten darf, sagte ich mit heiserer Stimme.

Das Fräulein trug den Karpfen auf die Bank unter dem Haussegen, wickelte ihn in ein Tuch und hieb ihm den Kopf ein. Dann drehte sie sich um und lachte uns alle an und war stolz, daß sie es so fein gemacht hatte.»

Vielleicht ist alles genau umgekehrt. Vielleicht fangen uns die Fische. Sie waren vor uns da.

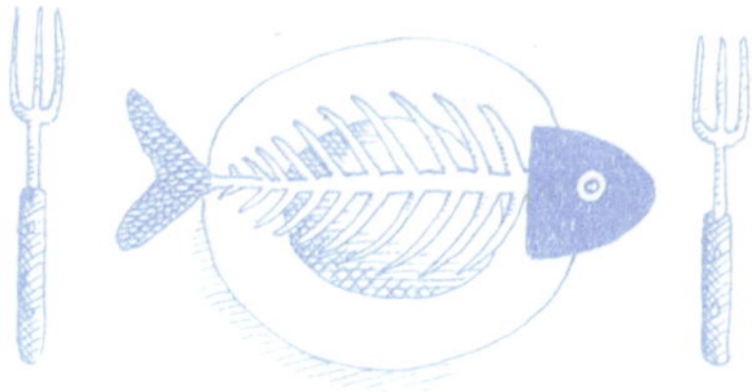

Forelle blau

4 Forellen, 1/2 l Essigwasser, 1 Suppengrün, 1 mittelgroße Zwiebel, 1 Lorbeerblatt, Salz, 40 g Butter, 3 Eßl. gewiegte Küchenkräuter, 1 Zitrone.

Die Forellen ausnehmen, waschen (Vorsicht, die Haut darf nicht verletzt werden – nicht schuppen, nur mit Salz einreiben!) und mit dem kochenden Essigwasser übergießen. Ungefähr 5 Minuten darin liegen lassen. Inzwischen das zerkleinerte Suppengrün mit der halbierten Zwiebel und dem Lorbeerblatt in Salzwasser etwa 10 Minuten kochen, die Forellen in den Sud geben und 8 bis 10 Minuten ziehen (nicht kochen) lassen. Dann die Forellen vorsichtig mit einem Sieblöffel herausnehmen und auf eine vorgewärmte Platte legen. Mit Zitronenscheiben garnieren. – Kräuterbutter (dazu Butter schaumig schlagen, Kräuter und etwas Salz untermischen), Salzkartoffeln und Blatt- oder Obstsalat dazu reichen.

Forellen mit Kräutersoße

4 Forellen, 40 bis 50 g Butter oder Margarine, 30 bis 40 g Mehl, 2 Tassen Fleisch- oder Würfelbrühe, Salz, 1 Eßl. Zitronensaft, 1 Eigelb, 4 bis 5 Eßl. süße Sahne oder Kaffeesahne, 1 1/2 Tassen gewiegte Küchenkräuter (Petersilie, Dill, Schnittlauch, Kerbel usw.), 8 Zitronenscheiben.

Während die Forellen blau gekocht werden, die Kräutersoße herstellen. Dazu aus Butter und Mehl eine helle Schwitze bereiten, nach und nach Brühe zugießen, 3 Minuten unter Rühren gut durchkochen lassen, mit Salz abschmecken und das mit Zitronensaft und Sahne verschlagene Eigelb untermischen. Alles kräftig mit dem Schneebesen schlagen, aber nicht mehr aufkochen lassen. Die Soße vom Herd nehmen und die Kräuter untermischen. Die Forellen auf eine vorgewärmte Platte legen, etwas von der Soße darübergießen und mit Zitronenscheiben garnieren. – Dazu Kartoffelbrei, Salzkartoffeln oder Toast und die restliche Soße auftragen.

Gefüllte Forellen

4 Forellen (blaugekocht), je 3 Eßl. gedünstete Mohrrüben- und Kohlrabiwürfelchen, 2 Eßl. gedünstete grüne Erbsen, 1 knapper Eßl. Mayonnaise, Salz, Pfeffer, Glutamat, 1 Kopf Salat, 2 hartgekochte Eier, 2 feste kleine Tomaten, 1 Zitrone, Petersilie.

Die blaugekochten Forellen im Sud erkalten lassen. Inzwischen die Mohrrüben- und Kohlrabiwürfel mit den Erbsen und der Mayonnaise vermischen, mit Salz, Pfeffer und Glutamat abschmecken. Eine Servierplatte mit Kopfsalatblättern auslegen, die Forellen vorsichtig daraufheben. Zwischen die Fischrundungen den Gemüsesalat verteilen und die Forellenplatte mit Eischeiben, Tomaten- und Zitronenachteln sowie mit Petersilie garnieren. – Frisches Weißbrot oder Toast dazu reichen.

Gegrillte Forellen

4 Forellen, 1 Zitrone, Salz, 20 g Speck, etwa 30 g Butter, 1 Glas Whisky.

Die Forellen ausnehmen, unter fließendem Wasser abspülen, vorsichtig abtrocknen, mit Zitronensaft beträufeln und leicht von allen Seiten salzen. In die Öffnung kleine Speckwürfelchen einlegen; die Forellen mit einem Zwirnsfaden zunähen. Mit zerlassener Butter bepinseln und die Fische bei schwacher Hitze im Ofen oder im Grillgerät garen. Während des Grillens öfter wenden, dabei immer wieder mit Butter bepinseln und mit einigen Tropfen Whisky beträufeln. – Kartoffelbrei oder Weißbrot und einen frischen Salat dazu reichen.

Gebackene Forellen

4 Forellen, 1 Eßl. Zitronensaft, Salz, Pfeffer, 50 g Hafermehl, etwa 80 g Butter.

Die ausgenommenen Forellen unter fließendem Wasser abspülen, vorsichtig abtrocknen, mit Zitronensaft beträufeln, dann leicht mit

Salz und Pfeffer einreiben. Anschließend in Hafermehl (dem Weizenmehl vorzuziehen, weil es den feinen Geschmack der Forelle unterstreicht) wälzen. In einer großen Pfanne die Butter erhitzen, die Forellen einlegen und bei kleiner Flamme goldgelb backen. Dabei einige Male die Fische vorsichtig wenden; die Haut darf dabei nicht verletzt werden. – Toast oder Pommes frites und ein frischer Salat vervollkommnen das Gericht.

Mandelforellen

50 g Mandeln, darunter 2 bittere, 70 bis 80 g Butter, 1 Teel. Zitronensaft, Zucker, Salz, 4 Forellen, Pfeffer, Öl, 2 Apfelsinen.

Die Mandeln abbrühen, enthäuten und durch die Mandelmühle drehen (oder sehr fein mit dem Hackmesser zerkleinern). Mit der Butter, dem Zitronensaft, je 1 Prise Zucker und Salz verkneten. Die Masse zu einer Rolle formen, in Alufolie einwickeln und für mehrere Stunden in das obere Fach des Kühlschrankes legen. Die Forellen ausnehmen, unter fließendem Wasser abspülen, vorsichtig abtrocknen, leicht mit Salz und Pfeffer bestreuen und ringsum mit Öl bepinseln. Auf dem Rost des vorgeheizten Ofens oder im Grillgerät bei guter Mittelhitze garen. (Die Forellen sollen nicht braun, sondern goldgelb werden!) Dann auf einer Platte anrichten, auf jede Forelle 2 Scheiben der kalten Mandelbutter und einige Apfelsinenscheiben legen. – Kartoffelbrei oder Pommes frites und einen frischen Blattsalat dazu servieren.

In einem oberbayrischen Dorf ist ein neuer Kaplan. In der Beichte bekennt ihm ein Bauer, daß er Forellen gewildert habe. Auf solche Eröffnung nicht eingestellt, bittet der Kaplan den Sünder, einen Moment zu warten, und geht zum Pfarrer. «Da ist jemand, der hat Forellen gewildert. Was soll ich ihm geben?» «Nicht über vier Mark das Kilo, mehr zahle ich nie.»

«Wie lange sind Sie denn schon hier beschäftigt, Herr Ober?»
«Gerade eine Woche.»
«Dann war's wohl Ihr Vorgänger, bei dem ich die Forelle bestellt habe.»

Originalbindeweise alter Angelfliegen

Kleiner Streifzug durch die Insektenwelt am Fischwasser

In seinem berühmten wie schönen Buch «Die Kunst der Fliegenfischerei auf Forellen und Aschen» schreibt John Horrocks 1874: «Man hat Hunderte von Fliegen im Gebrauch; zu Zeiten nimmt der Fisch jede; oft aber ist das Gegenteil der Fall, und Forellen sowie Äschen sind schwer zu befriedigen. Sie gehen manchmal massenhaft auf, und der Angler kann sein Fliegenbuch durchprobieren (früher verwahrte man die Angelfliegen in einer Art Buch, heute in einer Fliegenbox – der Verf.), ohne einen Fisch anzulocken, wenn er die genau richtige Fliege nicht hat.» Damit der Angler «mit Leichtigkeit und ohne Zeitverlust das richtige Insekt findet», stellte John Horrocks aus Ronalds «Flyfishers Entomology» (1836) einen Bildkatalog berühmter alter Angelfliegen zusammen. Ihrer zeitlosen Güte und Ästhetik wegen verdienen es diese Fliegen, nicht vergessen zu werden. Wenn sie der Petrijünger bindet und fischt, zeugt das von schöner Nähe zu einem traditions- und naturbewußten Fliegenfischen.

Die Jagdnamen der hier vorgestellten Angelfliegen stammen aus dem Werk von John Horrocks, Text und Bindeweise aus verschiedenen alten Quellen, hauptsächlich aus Mitteilungen der Angelschriftsteller Edward Fitzgibbon, 1848, Francis Francis, 1867, John Horrocks, 1874, und Max von dem Borne, 1887. Die wissenschaftlichen Namen der Insekten entsprechen der heute gültigen Nomenklatur; die Größenangaben der Angelhaken der gebräuchlichsten sogenannten alten Skala.

Blue Dun, Blaubraune Eintagsfliege. Körper: graues und gelbliches Pelzhaar gemischt; verschiedene Schattierungen oder gelblich graugefärbter Federkiel; Beine: hellgraue Hahnenhalsfeder; Flügel: lichtgrau von Schwungfeder des Stars oder Hähers; Schwanz: lichtgraue Federfasern aus Schwungfedern des Stars; Hakengröße: 18–14.

Die Blue Dun wird heute auch «Frühlings-Olivfarbene», engl. Large Dark Olive, genannt, wissenschaftlich wird dieses Insekt Baetis rhodani geheißen.

Es gibt eine große Menge von Baetis-Arten, die zu verschiedenen Zeiten im Frühjahr und Sommer am Wasser erscheinen, in der Farbe (graublau, gelblich, bräunlich, olivgrün und olivbraun) variieren, und die alle von Forellen und Äschen eifrigst verfolgt werden. Nymphen der Baetis-Arten sind Schwimmer-Typen. Fliegenfischer verwenden als ihre Kopie die berühmte Fasanenschwanznymphe von Frank Sawyer.

Red Spinner, Rotspinner. Körper: rotgefärbter Federkiel oder rote Seide, mit Goldfäden gerippt; Beine: blutrote Hahnenhalsfeder; Flügel: von Schwungfedern des Hähers (stahlblau, glasartig); Schwanz: rote Federfasern; Hakengröße 18–14.

Der Rotspinner entsteht aus der Blue Dun nach der Häutung (Imago); die Spinner variieren ebenso in der Farbe (dunkelbraun bis lichtbraun) wie die Duns (Subimago), aus welchen sie entstehen. Die Fliege bewegt sich sehr lebhaft und fliegt in großen Schwärmen; die beste Fangzeit ist bei leichtem Regen, weil dabei viele Fliegen ins Wasser fallen.

Water Cricket, Wasserhaimchen. Körper: orangegelbe Seide, mit schwarzer Straußenfederfaser gerippt; Beine: lichtbraune Hahnenhalsfeder; Flügel: grau gefleckte Federn vom Rebhuhn oder von der Brust des wilden Enterichs; Hakengröße 16–14. Die Fliege läuft auf der Oberfläche des Wassers und hascht kleine Insekten; sie fliegt an heißen Sommertagen.

Wissenschaftlich zählt dieses Insekt zur Ordnung Heteroptera, Unterordnung Hydrocorisae (Wasserwanzen).

Cow-Dung Fly, Kuhmistfliege. Körper: ledergelbes und orangegelbes Pelzhaar gemischt; ingwergelbe Hahnenhalsfeder; Flügel: zimtbraune Federn vom Wachtelkönig; flach am Körper anliegend und länger als dieser; Hakengröße 14–12.

Man findet diese Fliege während des ganzen Jahres, doch ist ihre Größe sehr verschieden; die ersten sind am kleinsten. Blaine, ein berühmter englischer Angler aus dem vorigen Jahrhundert, sagt über sie: «Die Fliege wird mit Recht geschätzt, weil sie für alle an die Fliegen gehenden Fische fast überall paßt.» Als Landinsekt (Ordnung Diptera) findet sich das Original auf jedem Kuhfladen.

March Brown or Dun Drake, Braune Märzfliege oder Dunkelbrauner Enterich. Männchen: Körper aus Wolle vom Gesicht des Hasen, mit strohgelber Seide gerippt; Beine: graue, punktierte Feder vom Rebhuhn; Flügel: von Schwungfedern des Fasanenhahns; Schwanz: aus zwei Fasern der Schwungfeder der Fasanenhenne; Weibchen: Körper aus einem Gemenge von Wolle des Gesichts vom Hasen und gelbem Mohair gewunden; Flügel von der lichtgrauen Schwungfeder der Fasanenhenne; Hakengröße 14–10.

Diese berühmte Fliege findet sich in großer Anzahl gegen Ende März auf dem Wasser ein und wird gierig von Forellen gefressen. Ihre Zeit dauert bis Ende Mai, und nach Francis kann man sie Ende August wieder mit Erfolg benutzen. Wissenschaftlich zählt die «Märzbraune» zur Familie Heptageniidae. Ihre Nymphe ist ein Steinklammerer-Typ.

Die Angelschriftsteller C. F. Walker, 1963, und J. Schrodt, 1984, nennen dem Petrijünger zwei Arten der Märzbraunen: Rithrogena

germanica (früher haarupi), die sogenannte echte Märzbraune, engl. March brown sowie Ecdyonurus venosus, die sogenannte späte oder falsche Märzbraune, engl. Late or false march brown.

Charakteristisch für die echte Märzbraune ist, so Walker, «daß sie plötzlich und in großen Mengen auftritt, und zwar in Intervallen während eines Frühlingstages».

Als «Dunkle Märzbraune» mit der wissenschaftlichen Bezeichnung Epeorus sylvicola (früher assimilis) nennt Ossadnik 1986 in seiner Anglerentomologie «Schauen und Fischen» eine dritte für den Flugangler nachbildenswerte Art der Familie Heptageniidae. «Dun: Fast die Größe der Maifliege, Flügel gleichmäßig braun, ohne dunkle Flekken, Adern sepiabraun. Die Flügelwurzel ist oft grünlich überhaucht.»

Die weibliche Imago der Märzbraunen ist ein dunkler Rotspinner. Persönlich finde ich Nachbildungen des Rotspinners am universellsten, wenn man sie in der Art einer Pheasant-Tail-Hechelfliege bindet, d.h. Körper aus rötlicher Fasanenfiber (als Zweitmuster zusätzlich mit einem dünnen Goldfaden gerippt); Beine (Hechel) rotbraune Hahnenhalsfeder.

Diese wie die meisten meiner Angelfliegen sind als Hechelfliegen gebunden. Lediglich Steinfliegen- und Köcherfliegenimitate schätze ich als Flügelfliegen. Größten Wert lege ich bei Fliegennachbildungen auf den Gesamteindruck der Kopie, vor allem auf deren Farbe und Größe. Hechelfliegen, hauptsächlich solche in kleinen Größen (etwa Haken 22–16), finde ich am Fischwasser stets «fängiger» als Flügelfliegen. Außerdem werfen sie sich besser, besonders bei Wind, halten sich länger schwimmfähig und sind haltbarer.

Stone Fly, Steinfliege. Körper: Pelzhaar von der Wasserratte, vom Hasenohr und gelbem Mohair so gemischt, daß hinten mehr gelb ist als vorn, mit gelber Seide gerippt; Beine: braune, gefleckte Feder vom Rebhuhn; Flügel: von Schwungfedern der Fasanenhenne, flach am Körper anliegend; Fühlhörner: zwei Barthaare vom Kaninchen; Schwanz: braune, schwarz gefleckte Federn von der Brust des wilden Enterichs; Hakengröße 10–6.

Da das Insekt, je nach Lokalität, größer oder kleiner ist, muß man die künstliche Fliege in verschiedenen Größen anfertigen. Am besten angelt es sich damit an warmen, bewölkten, windigen Tagen morgens und abends auf Stromschnellen. Wissenschaftlich zählen die Steinfliegen zur Ordnung Plecoptera. Ihre Nymphen werden als Grundgräber bezeichnet, weil sie sich im Gewässergrund eingraben.

Seit Jahrhunderten von Anglern immer wieder nachgebildete Arten von Steinfliegen sind: Perla maxima, Große Steinfliege, engl. Stone Fly, Hakengröße 10–6; Leuctra geniculata, Weidenfliege, engl. Willow Fly, Hakengröße 16–14; Isoperla grammatica, Gelbes Särchen, engl. Yellow Sally, Hakengröße 16–12.

Steinfliegen unterscheiden sich von Eintagsfliegen (Ephemeroptera) und Köcherfliegen (Trichoptera) durch ihre vier nahezu gleichgroßen, hornartig durchscheinenden Flügel, die in Ruhestellung flach auf dem Rücken zusammengefaltet sind. Am Fischwasser erkennt man Steinfliegen durch ihren schwerfälligen, unbeholfenen Flug, weshalb diese Insekten sich stets in Ufernähe aufhalten und mancherorts auch Uferfliegen oder Uferbolde genannt werden. Steinfliegen haben – mit Ausnahme der großen Arten – nur zwei kurze Schwanzfäden.

Grannom or Green-Tail Fly, Großmama oder Grünschwanzfliege. Körper: dunkle Wolle vom Hasenohr mit gelber Seide gerippt; am hinteren Ende des Körpers ein paar Windungen von erbsengrüner Seide, die Eier andeutend; Beine: blasse ingwergelbe Hahnenhalsfeder; Flügel: von Schwungfedern der Fasanenhenne oder des Rebhuhns; Hakengröße 16. Die Grannom ist ein vierflügeliges Insekt der Ordnung Trichoptera (Köcherfliegen) und hat das Aussehen einer Motte. Wenn es auf dem Wasser hinabtreibt, hält es die Flügel auf dem Körper niedergeschlagen. Am Schwanzende des Körpers hängt ein Klümpchen grüner Eier, weshalb man es Grünschwanz nennt.

Da Köcherfliegen Gewässerverunreinigungen besser ertragen als vergleichsweise Steinfliegen oder Eintagsfliegen (man denke nur an unsere heute ausgestorbene, ehemals größte Eintagsfliege Palingenia longicauda – «Theißblüte»), sind heute in Europa 895 Arten bekannt, und die Zahl der neuentdeckten Arten nimmt beständig zu.

Da das Erscheinungsbild der Trichopteren (der Name kommt aus dem Griechischen und bedeutet «behaarte Flügel») immer nahezu gleich ist, genügen Imitationen, die das natürliche Insekt oder dessen Larve oder Puppe (das Subimagostadium fehlt bei Köcherfliegen) als Karikatur darstellen. Lohnend für den Fliegenfischer sind Nachbildungen folgender Arten von Köcherfliegen:

Brachycentrus subnubilis, Großmama, engl. Grannom; Flügellänge: 9–11 mm, Hakengröße 16

Phryganea grandis und striata, Große rotbraune Köcherfliege, engl. Great Red Sedge, Flügellänge: 20–35 mm, Hakengröße 14–10

Hydrospsyche augustipennis, Graue Köcherfliege, engl. Grey Flag, Flügellänge: 16–19 mm, Hakengröße 14

Sericostoma personatum, Goldbraune Köcherfliege, engl. Welshmans Button, Flügellänge: 12–15 mm, Hakengröße 16

Rhyacophila sp., Gelbgrüne Arten, Flügellänge: 8–25 mm, Hakengröße 16–12 sowie Mystacides sp., «Gruppe der braunen und schwarzen Silverhors», Flügellänge: 8–12 mm, Hakengröße 16

Iron Blue Dun; Eisenblaue Eintagsfliege. Körper: dunkelgraues Maulwurfshaar oder Reiherfiber; Beine: hellbraune Hahnenhalsfeder; Flügel: bleigraue Feder vom Wasserhuhn; Schwanz: Fasern derselben Feder; Hakengröße 20–16.

Da das Insekt auf dem Kopf eine bräunlichrote Haube trägt, windet man der Scheinfliege am Kopf ein Paar Touren rötlichbrauner Seide auf. Es ist eine der kleinsten Fliegen, aber sehr nützlich.

Wissenschaftlich heißt dieses schöne Insekt Baetis muticus (früher pumilus). Fliegenfischer in aller Welt kopieren diese Fliege nicht nur als Subimago, engl. Dun, sondern auch als Imago, die der Angler im Deutschen wie Englischen Spinner nennt und damit eine Eintagsfliege in ihrem letzten Lebensstadium meint (Reihenfolge: Ei; mehrere Larvenstadien; Nymphe: letztes Stadium der Larve; Subimago: aus der Nymphe geschlüpftes flugfähiges Insekt; Imago: fortpflanzungsfähiges Vollinsekt).

Die Nachbildungen männlicher Imagines von Baetis muticus nennen die Fliegenfischer «Jenny Spinner», die der Weibchen «kleiner weinroter Spinner», engl. Little Claret Spinner. Die Nymphe dieses Insekten-Winzlings ist ein Schwimmer-Typ, die der Flugangler am zweckmäßigsten mit der Fasanenschwanznymphe von Sawyer der Hakengröße 16–18 nachahmt.

Jenny Spinner. Körper: weiße Seide oder weiße Federn der Gans, am Kopf und Schwanz mit ein paar Touren brauner Fibern aus der Schwungfeder des Fasans; Beine und Flügel: silbergraue oder hellbraune Hahnenhalsfeder; Schwanz: Fasern der gleichen Feder; Hakengröße 20–16.

Das Insekt entsteht aus der Eisenblauen Eintagsfliege nach der Häutung (männl. Imago). Der Jenny Spinner ist den ganzen Sommer zu finden und wird selbst bei ganz klarem Wasser gern genommen.

Hawthorn Fly, Weißdornfliege. Körper: schwarze Straußenfederfaser; Beine: dunkelgraue Hahnenhalsfeder; Flügel: helle Starschwungfedern; Hakengröße 14–12.

Diese Fliege, wie auch die ihr verwandte Art Bibio johannis, «Schwarze Mücke», engl. Black Gnat, ist ein Landinsekt der Ordnung Diptera (Zweiflügler).

Ihr lateinischer Name Bibio marci weist auf den St. Markustag (5. April) hin, den angeblichen Zeitpunkt ihres Erscheinens. Zutreffender finde ich den engl. Jagdnamen dieser Angelfliege, «Hawthorn Fly» (Weißdornfliege), weil sich dieses Landinsekt am Fischwasser zumeist in der Nähe von Weißdornsträuchern aufhält.

Leicht zu erkennen ist diese Fliege an ihren zwei langen Hinterbeinen, die während des Fluges, der stets behäbig wirkt, deutlich nach hinten hängen.

Manche Fliegenfischer finden die «Weißdorn» und die «Schwarze Mücke» – die der Angler genauso nachbildet wie die Bibio marci, nur die viel kleineren Haken 20–16 verwendet – unentbehrlich und meinen, daß sie in die Fliegenschachtel eines jeden Anglers gehören, andere verzichten auf ihre Kopie.

Little Yellow May Dun, Kleine gelbe Maifliege. Körper: ingwerfarbene Hasenwolle mit gelber Seide gerippt; Beine: hellbraune Hahnenhalsfeder, leicht gelblich gefärbt; Flügel aus der olivgrün gefärbten marmorierten Feder des wilden Enterichs; Schwanz: Fasern einer braunen Hahnenhalsfeder; Hakengröße 16–12.

Sie ist eine mittelgroße Eintagsfliege mit grünlichgelben Flügeln und braunem, weißgeringeltem Hinterleib und schwärmt von Mai bis Anfang Juli.

Wissenschaftlich zählt dieses gelbe Eintagstierchen zur Familie Heptageniidae, Gattung Heptagenia, Art Sulphurea. Die Nymphe der kleinen gelben Maifliege ist ein Steinklammerer-Typ von braungrüner Farbe mit drei langen Schwanzfäden.

Yellow Sally, Glänzend gelbbraune Fliege oder das Gelbe Särchen. Körper: glänzend gelbe Seide; Beine: gelbgefärbte Hahnenhalsfeder; Flügel: Feder vom wilden Enterich, gelb gefärbt; Hakengröße 16–12.

Diese Fliege kommt etwa eine Woche vor der Großen Maifliege zum Vorschein, lockt aber, obwohl sie schön ist, wenig Fische an die Angel, schreibt schon 1847 E. Fitzgibbon. Dieses Insekt ist eine Steinfliege mit dem wissenschaftlichen Namen Isoperla grammatica.

Alder Fly, Erlen- oder Buckelfliege, auch Schlammfliege oder Wasserflorfliege genannt. Körper: kupferfarbige Faser von der Schwanzfeder des Pfauhahns; Beine: schwarze oder dunkelrostbraune Hahnenhalsfeder; Flügel: von Schwungfedern des Fasanenhahns, die dachförmig auf dem Leib der Fliege liegen; Schwanz: Federfasern derselben Farbe wie die der Beine; Hakengröße 14–10.

Diese Fliege ist an manchen Gewässern sehr häufig und eine der besten, die es gibt, namentlich im Juni am Abend. Wissenschaftlich zählt dieses Insekt zur Ordnung Megaloptera (Schlammfliege) und wird Sialis lutaria genannt.

Gleich den Steinfliegen und Köcherfliegen überspringen Schlammfliegen das Stadium der Subimago. Ihre Verpuppung zur Imago findet im Erdreich in Ufernähe statt, wozu die Larve aus dem Wasser an Land kriecht. Im Gegensatz zu Eintagsfliegen hochzeiten die Schlammfliegen auch hier und legen ihre Eier auf Wasserpflanzen ab. Die kleinen, aus Eiern geschlüpften Larven krabbeln dann in den Fluß (zumeist leben sie in langsam fließenden oder stehenden Gewässern), wo sie etwa ein Jahr räuberisch als Larven leben.

Nymphenangler, die auf Stil sehen, fischen die Imitation dieser Larve stromauf oder quer stromab über dem Gewässergrund trudelnd. Ich verwende eine olivfarbene Nymphe der Größe 14–10, die am Kopf und Hinterleibsende schlank, in der Mitte jedoch dickleibig ist. Eine gleichmäßig über den Nymphenkörper gebundene Rippe aus braunem Nerz-Dubbing täuscht dem Fisch die Trachenkiemen vor. Als Imitat der flugfähigen Erlenfliege verwende ich ein dunkelbraunes

Köcherfliegenmuster auf Haken 14–10 sowie das einleitend beschriebene historische Fliegenmuster.

Green Drake or May Fly, Grüner Enterich oder Maifliege. Körper: gelbe Seide mit orangefarbener Seide gerippt; Beine: leicht ledergelbe bis olivgelbe Hahnenhalsfeder; Flügel: weiße, punktierte Brustfedern des wilden Enterichs, grünlichgelb gefärbt; Schwanz aus der gleichen Feder; Hakengröße 12–8.

Die Berühmtheit dieser Fliegenimitation geht so weit, daß viele Angler während der Saison keine andere benutzen. Als Grüner Enterich lebt das Insekt drei bis vier Tage; das Weibchen verändert sich dann in den Grauen, das Männchen in den Schwarzen Enterich. Die Maifliege lebt ungefähr 18 Tage. Sie findet sich früher auf stillem Wasser als auf schnellfließenden Stellen ein und ist heute sehr selten geworden.

Gray Drake, Grauer Enterich. Bindeweise: Sie wird ebenso gebunden wie die Green Drake, nur werden die zu Schwanz und Flügeln verwendeten Federn graubläulich gefärbt.

Diese Fliege ist die Metamorphose (Imago – geschlechtsreifes Vollinsekt) des weiblichen Grünen Enterichs. Sie lebt drei bis vier Tage und wird von dem Fisch gefressen, wenn sie ihre Eier auf das Wasser legt. Der Schwarze Enterich ist die Metamorphose des männlichen Grünen Enterich. Er ist viel kleiner als das Weibchen und wird nur selten angenommen.

Weshalb man dieses schöne Insekt Enterich nennt, teilt uns Fitzgibbon mit: «Der Körper ist lang, dünn und nach dem Schwanze zu sich verschmälernd, und an dem Schwanze stehen die Borsten aufrecht, wie einige Federn am Schwanze des Enterichs, weshalb man diese Fliege den Grünen Enterich genannt hat.»

Wissenschaftlich wird die «Grüne Maifliege», deren Nymphe ein Grundgräber ist, Ephemera danica genannt.

Bestätigt fand ich 1985/86 beim Maifliegenfischen an der Nebel (Mecklenburg), was Fitzgibbon über die Kopie dieses großen und wunderschönen Tagestierchens schrieb: «An dieser berühmten Fliege wird der Fliegenmacher zu Schanden. Er mag sich anstellen wie er will, seine Nachbildung bleibt sehr unvollkommen.»

August Dun, Braune August-Eintagsfliege. Körper: Wolle vom Hasengesicht, mit gelber Seide gerippt; Beine: rotbraune Hahnenhalsfeder; Flügel: Schwungfeder der Fasanenhenne; Schwanz: rotbraune Federfasern; Hakengröße 14–12.

Dies ist eine der besten Fliegen, die man im August und September findet. Wissenschaftlich wird die «Augustbraune» (engl. Autumn dun) Ecdyonurus dispar genannt. Ihre Nymphe ist ein Steinklammerer-Typ. Als weibl. Imago fischt der Angler einen großen Rotspinner.

Little Pale Blue Dun, Kleine blaßblaue Eintagsfliege. Körper: blaßblaues Pelzhaar mit wenig gelbem Mohair vermischt; Beine: aus der blassesten blauen Kragenfeder, die man finden kann; Flügel: Schwungfeder der Seeschwalbe; Hakengröße 20–16. Eine der letzten Fliegen der Äschensaison.

Diese Kunstfliege ist die Nachbildung von Baetis fuscatus, früher bioculatus. Da es mehrere ähnlich aussehende Arten dieser Eintagsfliege gibt, werden diese Insekten von Anglerentomologen als Gruppe der Blaßwässrigen, engl. Pale Watery Duns, bezeichnet. Die wohl bekannteste Art dieser Gruppe trägt den wissenschaftlichen Namen Centroptilum luteolum. Die Nachbildung dieser Fliege kennen Angler heute als Kleine Spornflügelige, engl. Small spurwing Dun.

Im Fliegenkatalog von John Horrocks trägt dieses Scheininsekt die altenglische Bezeichnung «Little Sky Blue», dtsch.: Kleine himmelblaue Fliege. Die weibliche Imago dieser Fliege wird Kleiner bernsteinfarbener Spinner, engl. Little amber Spinner, genannt (Körper braunorange).

Die weibliche Imago von Baetis fuscatus ist ein Goldspinner, engl. Golden Spinner (Körper goldbraun).

Die Nymphen der Blaßwässrigen, wie auch die der Gruppe der Kleinen Oliven, die sich ebenfalls nur geringfügig unterscheiden, sind Schwimmer-Typen. Als Kopie benutzt der Angler die Fasanenschwanznymphe der Größe 18–16.

Willow Fly, Weidenfliege. Körper: Maulwurfspelzhaar, mit gelber Seide gerippt; Beine: dunkelgraue Feder mit kupferrotem Schein, summend gewunden; Hakengröße 16–14.

Die Fliege erscheint von Anfang September bis in den Spätherbst hinein. Ganz klein wird sie sehr gut von Äschen angenommen.

Wissenschaftlich heißt dieses Insekt Leuctra genuculata und zählt zur Ordnung Plecoptera (Steinfliegen, s. diese).

Phantasiefliegen

Man findet zahllose dieser Fliegen, die keine Nachahmung natürlicher Insekten, sondern Schöpfungen bekannter Angler sind. Meinen Erfahrungen nach haben manche, besonders die kleinsten unter diesen, ebenfalls natürliche Insektenvorbilder.

The Francis, Francis. Körper: bronzefarbene Fasern von der Schweiffeder des Pfauhahns, mit kupferroter Seide gerippt; Beine und Flügel: graue Hahnenhalsfeder; Hakengröße 14–10.

The Coachman, Kutscher. Körper: bronzefarbige Fasern von der Schweiffeder des Pfauhahns, dick gebunden; Beine: einige Windungen einer braunroten Hahnenhalsfeder; Flügel: weiß; Hakengröße 14–12. Ganz vorzüglich, namentlich für den Abend.

Hoflands Fancy, Hoflands-Fliege. Körper: braunrote Seide, mit Goldfaden gerippt; Beine: rote Hahnenhalsfeder; Flügel: von Schwungfedern einer Fasanenhenne oder eines Rebhuhns; Hakengröße 14. Besonders bei schönem Wetter sehr wirksam.

Greenwells Glory, Greenwells Ruhm. Körper: dunkel olivgrüne Seide, mit feinem Goldfaden eng gerippt; Beine: rote Hahnenhalsfeder mit schwarzer Mitte (Ofenfeder); Flügel: von Schwungfedern der Waldschnepfe; Hakengröße 14. Sehr gut für heiße Tage.

The Soldier Palmer. Körper: kirschrote Seide, mit Goldfaden gerippt, blutrote Hahnenhalsfeder, über den ganzen Körper gewunden; Hakengröße 14–12.

Horrocks Fliege. Körper: Taubenschwungfederfahne, die vom Kiel abgestreift wurde und wo die Fasern kurz abgeschoren sind; vorn und hinten ein dicker Knoten von einer bronzefarbigen Faser einer Schweiffeder des Pfauhahns; Beine und Flügel: von braunen, schwarzpunktierten Federn einer Pute oder dem Rücken einer Pfauhenne; Hakengröße 14–10.

Dieses Scheininsekt, das sich an der Ilm bei Weimar ausgezeichnet bewährte, wurde zu Zeiten von John Horrocks von Mrs. Eaton Deller in London gemacht.

Red Tag, Glühwurm. Körper: bronzefarbige Faser einer Schweiffeder des Pfauhahns, mit einem etwa 2 mm langen Schwanz von scharlachroter Wolle oder Seide; Beine: von einer roten Hahnenhalsfeder, ganz klein; Hakengröße 18–14.

Wickhams Fancy, Wickhams Fliege. Körper: Goldlametta, braunrote Hahnenhalsfeder über den ganzen Körper gewunden; Flügel: hell- oder dunkelgrau von der Schwungfeder des Hähers; Hakengröße 16–12.

«Die Fliege kommt von Winchester in England und ist mit Recht weit gerühmt», schreibt Max von dem Borne. «Sie ist in der Tat eine der besten Fliegen, die es gibt.»

Aufzeichnungen an Fliegengewässern Thüringens

Reihenfolge:

1. Gewässer
2. Erfolgsfliegen
3. Empfohlene Gasthäuser
4. Sonstige Informationen

Ilm: von Schloßbrücke Weimar flußaufwärts bis Stützerbach, ca. 60 km
Horrocks Fly Gr. 14; Cow Dung Gr. 14
«Haus Handwerk» Bad Berka; «Ratskeller» Stadtilm
Champignonwiesen bei Taubach und Griesheim

Felda: von Dermbach (Kreis Bad Salzungen) flußabwärts bis Menzengraben (Sperrstrecken beachten), ca. 20 km
Orange Fly Gr. 18–16; Greenwell's Glory Gr. 16–14
«Sächsischer Hof» Dermbach; «Café Feldatal» Stadtlengsfeld
Pilzwald und Champignonwiesen bei Dietlas

Werra: von Themar (Kreis Hildburghausen) flußabwärts bis Einhausen vor Meiningen, ca. 25 km
Little Pale Blue Dun Gr. 20–16; Water Cricket Gr. 14
«Henne» Vachdorf; «Linde» Untermaßfeld
Schlehen und Waldmeister bei Leutersdorf

Wilde Gera von Plaue (Kreis Arnstadt) flußaufwärts bis Gräfenroda, ca. 10 km
Grannom, or Green Tail, Gr. 14; Hoflands Fancy Gr. 14
Bahnhofsgaststätte Gräfenroda

Schleuse: von Schönbrunn (Kreis Hildburghausen) flußabwärts bis Mündung Werra (Sperrstrecken beachten), ca. 25 km
Blue Dun Gr.14; Wickham's Fancy Gr. 16–14
«Bergkristall» Waldau; «Grüne Aue» Rappelsdorf
Heidelbeer- und Pilzwald bei Ratscher (Pfifferlinge und Steinpilze) sowie zwischen Rappelsdorf und Kloster Veßra
(herrliches romanisches Kloster mit Agrarmuseum)

Nahe: von Schleusingen (Kreis Suhl) flußaufwärts bis Schleusinger-Neundorf (Bachcharakter), ca. 20 km
Francis Fly Gr. 14; Black Gnat Gr. 16
Gasthöfe Schilling und Mühlberg in Hinternah
Pilzwald (Maronen und Hallimasch) bei Hinternah

Überlistete Bachforellen (BF), Äschen (Ä)
und Regenbogenforellen (RF) über 30 cm an zwei Angeltagen
im Jahr

1977–1979			1980–1982			1983–1985		
BF	Ä	RF	BF	Ä	RF	BF	Ä	RF
4	3	6	2	1	10	1	0	12
5	26	0	4	9	2	2	5	3
4	22	2	2	16	11	2	9	5
15	0	3	5	0	16	2	0	11
18	17	2	–	–	–	–	1	3
16	0	2	11	0	5	4	0	6

Fortsetzung Seite 142/143

Unstrut: von Mühlhausen flußaufwärts bis Dingelstädt (Kreis Worbis), ca. 35 km
Alder Fly Gr. 14–12
«Reiser'sches Tal» in Reiser
Landschaftsschutzgebiet Reisersches Tal

Gesamtfang von Salmoniden über 30 cm:

Meine größten Forellen und Äschen in einem Jahrzehnt:

1976, Zorge bei Nordhausen: BF 64 cm (Jenny Spinner Gr. 16); 1977, Felda: Ä 53 cm (Skues Oliv Nymph Gr. 16); 1978, Schleuse: Ä 49 cm (Jellow Sally Gr. 14); 1979, Felda: Ä 42 cm (Orange Fly Gr. 18); 1980, Wipfra bei Elxleben, Krs. Arnstadt: BF 43 cm (March Brown Gr. 12); 1981, Schwarza bei Sitzendorf: Ä 39 cm (Iron Blue Dun, Gr. 18); 1982, Bach Römhild, Krs. Meiningen: RF 55 cm (Hawthorn Fly Gr. 14); 1983, Ilm: RF 45 cm (Horrocks Fly Gr. 14); 1984, Saale bei Kaulsdorf: RF 47 cm (Cow Dung Gr. 14); 1985, Nebel bei Güstrow: RF 41 cm (Sawyer Nymphe Gr. 14); 1986, Wilde Gera bei Liebenstein: RF 51 cm (Blue Winged Olive)

Für den Angler wichtige Gesetze und Verordnungen

Verordnung zur Förderung des Angelsports vom 14. 10. 1954, GBl., S. 848
1. Durchführungsbestimmung zur Verordnung zur Förderung des Angelsports vom 20. 12. 1955, GBl. I, S. 1007
Fischereigesetz vom 2. 12. 1959, GBl. I Nr. 67, S.864
Binnenfischereiordnung (einschl. Fischereiaufsicht) vom 16. 6. 1981, GBl. I Nr. 23, S. 290
Anordnung über den Fischfang in der Fischereizone, den Territorialgewässern und inneren Seegewässern der DDR vom 5. 1. 1979, GBl. I, S. 40
Wassergesetz (einschl. Durchführungsbestimmungen) vom 2. 7. 1982, GBl. I Nr. 26, S. 467
1. Durchführungsbestimmung vom 1. 10. 1984, GBl. I Nr. 31, zur Naturschutzverordnung – Schutz von Pflanzen- und Tierarten [Artenschutzbestimmung]
Baumschutzverordnung vom 28. 5. 1981, GBl. I Nr. 22, S. 273
Vereinbarung über die Entnahme von Zooplankton aus Binnengewässern vom 30. 8. 1985 des Ministeriums für Land-, Forst- und Nahrungsgüterwirtschaft, des Kulturbundes der DDR und des DAV der DDR
Statut des DAV vom 14. 10. 1978; Gewässerordnung des DAV, Ausgabe 1988; Finanzordnung des DAV vom 8. 11. 1980; Rechtsordnung des DAV vom 19. 12. 1985; Ordnung für die Raubfisch- und Salmonidenqualifikation des DAV, Ausgabe 1987

1977–1979			1980–1982			1983–1985		
BF	Ä	RF	BF	Ä	RF	BF	Ä	RF
8	5	3	4	1	8	1	1	9
70	73	18	28	27	52	12	16	49

Quellenverzeichnis

Bengsch, H.: Wo wann wie fängt man Fische. Radebeul 1974

Borne, M. von dem: Angelfischerei. Hamburg und Berlin, 6. Aufl. 1922 und 16. Aufl. 1981

Borne, M. von dem: Die Fischerei mit der künstlichen Fliege. In: Allgemeine Fischereizeitung, 12. Jg. 1887, Nr. 2 und 4

Brand, A. von: Fischfang – international. Innsbruck und Leipzig 1975

Bredow, K. von: Fliegenbinden. Zürich 1981

Brehm, A. E.: Brehms Tierleben (Bd. 9). Leipzig und Wien 1892

Bursche, E. M.: Wasserpflanzen. Leipzig-Radebeul, 6. Aufl. 1980

Eger, S.: Leipziger Kochbuch. Leipzig 1984 (Reprint)

Ehrenkreutz, Baron von: Das Ganze der Angelfischerei und ihrer Geheimnisse. Quedlinburg u. Leipzig, 14. Aufl. 1886

Ephemera: Taschenbuch der englischen Angelfischerei. Weimar 1848

Fellner, G.: Angelsport. Leipzig und Zürich 1916

Grimm, H.: Archiv für Geschichte des Buchwesens LXII. Börsenblatt für den Deutschen Buchhandel – Frankfurter Ausgabe – Nr. 89, vom 5. November 1968

Goullon, F. le: Der neue Apicius. Leipzig 1984 (Reprint)

Horrocks, J.: Die Kunst der Fliegenfischerei auf Forellen und Äschen in Deutschland und Österreich. Weimar 1874

Horrocks, J.: Angelsport. Deutsche Fischereizeitung: I. Jg. 1878, Nrn. 5, 11, 18 und 32 sowie 2. Jg. 1879, Nr. 1, 11 und 16

Müller, H.: Fische Europas. Leipzig-Radebeul 1983

Normann, J.: Die Hohe Schule des Angelns. Hamburg und Berlin 1980

Ossadnik, F.: Schauen und Fischen. Nürnberg 1986

Pavel, O.: Wie ich den Fischen begegnete. Berlin 1976

Pieper, M.: Fliegenfischen überall. Radebeul und Berlin 1964

Pieper, M.: Der vielseitige Angler, Radebeul, 10. Aufl. 1967

Plohmann, J.: Erfolgreich angeln . . . Salmoniden. Berlin 1976

Ritz, C.: Erlebtes Fliegenfischen, Rüschlikon-Zürich: Albert Müller, 1981.

Schoenemund, E.: Eintagsfliegen oder Ephemeroptera. In: Dahl: Die Tierwelt Deutschlands, Teil 19. Jena 1930

Schrodt, J.: Insektenkunde für Fliegenfischer. Hamburg und Berlin 1984
Seidel, F.: Systematische Zoologie: Insekten. Jena 1975
Stoll, E.; Gebetsroither, H.: Hohe Schule auf Äschen. Zürich 1972
Stoll, E.; Gebetsroither, H.: Hohe Schule auf Forellen. Zürich 1973
Stölzle, A.; Salomon, K.: Die Kunst und die Grundlagen des Fliegenfischens. Wien 1931
Skowronnek, F.: Die Fischwaid. Leipzig 1904
Wagner, G. J.: Der in der Edlen Fischerey wohlunterrichtende und erfahrne Fischer. Nürnberg 1729
Walker, C. F.: Flugangeln in Vollkommenheit. Hamburg und Berlin 1965
Walton, J.: Der vollkommene Angler. Weimar 1969
Walton, J.: Der vollkommene Angler oder eines nachdenklichen Mannes Erholung. Hamburg und Berlin 1958
Welchert, H. H.: Der unsterbliche Angler. Hamburg und Berlin 1963
Winter, A.: Angelsport Flugangeln. München und Berlin 1929
Zaunik, R.: Archiv für Fischereigeschichte: Das älteste Fischbüchlein vom Jahre 1498 und dessen Bedeutung für die spätere Literatur. Berlin 1916
Zeiske, W.: Modernes Flugangeln. Berlin 1970
Zeiske, W.: Fischkunde für Angler. Berlin 1981
Zeiske, W.; Plohmann, J.: Fisch- und Gewässerkunde. Berlin 1980

Der Nachdruck von Neruda, Ode an die Seeaalsuppe (Übersetzung Elisabeth Borchardt-Hilgert) erfolgt mit freundlicher Genehmigung des Verlages Volk und Welt Berlin.